オーガンジー刺繍を楽しむ

アクセサリーと小もの

myuka+11

Organdy embroidery

日本文芸社

自然界にはデザインの原点となる様々な形があふれています。

その中でも、葉脈だけを残した『葉脈標本』の美しさに昔から心惹かれていました。

葉の形と葉脈の細い線だけでできている繊細な自然の芸術。

その繊細でシンプルな形を刺繍で表現できないかと考えたのがきっかけで

最初の作品が生まれました。

myuka+11 のオーガンジー刺繍は、刺繍枠から作品を切り出すとふわりと軽く、

針金を少し曲げただけで本物の植物のような動きをしてくれます。

さらに銀の糸を使用することで光にあたるときらりと光り、

オーガンジーの透け感とも合わさって様々な表情を見せてくれるのも魅力の一つです。

一針一針の作業は細かく地道な作業ですが、

できあがっていく過程で作品を育てているような愛着がわいてきます。

この本を手に取ってくださった皆様にもその喜びを感じていただき、

普段使いでも、特別な日にも身につけていただけると幸いです。

myuka+11

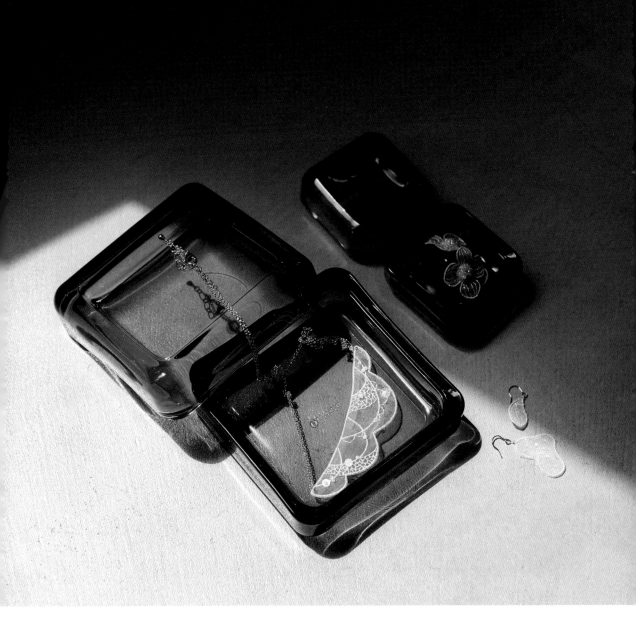

Contents

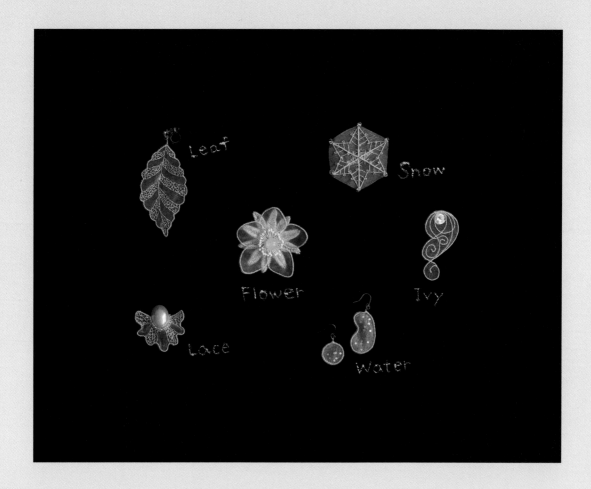

How to make 作り方

Flower 1

作り方→ p.56

ムラサキツユクサの花をかたどった立体の作品。刺繍した花の中心にギャザーを寄せて、花材とビーズをつけたもの。ノンホールピアスのパーツを。

Lace 1

作り方→ p.57

パールを中心にレースの模様とひだを描いた作品。
ギャザーを寄せることでさらにひらひらとした印象
に。バネイヤリングのパーツを。

Flower 2 + 3

作り方→ Flower 2: p.58 / Flower 3: p.59

Flower2 は、道端にそっと咲く、オオイヌノフグリがモ
チーフのピアス。Flower3 は秋になるとふわっと香る
金木犀がモチーフのバネイヤリングタイプ。

Flower 4

作り方→ p.60

野山に咲く、ヒナザクラがモチーフ。ガクの部分は銀
糸でサテンステッチで埋めて作ります。可憐に佇む二
輪をそっと胸元などのブローチに。

Flower 5 + Lace 2

作り方→ Flower 5: p.48［Lesson 作品 −立体−］
　　　　Lace 2: p.61

2

5

上はふわふわと舞うレースのスカートがモチーフのピ
アス。下はFlower4を一輪にしたタイプのピアス。ど
ちらも耳からぶら下がって揺れるタイプのもの。
Flower5はLessonページで作り方を解説。

Leaf 1

作り方→ p.62

しずく形の葉っぱをつないだような、ウエディングの
ティアラ。お部屋に飾っておくだけでも癒しに。

Leaf 2

作り方→ p.64

Leaf1 より少し小さめサイズのリングピロー。リングを
通す部分はビーズで起き上がる芽のようなイメージに。

Flower 6

作り方→ p.67

ウエディングのチュール付きヘッドドレス。大小の花び
らにビーズを多めにあしらって華やかに。花心もさま
ざまなビーズなどで数種類作って。

Flower 7

作り方→ p.71

Flower6 のビーズの花を少しシンプルにしたタイプの
コサージュ。サテンのリボンを添えて。テーブルやお
部屋のコーナーに飾っても。

Flower 8

作り方→ p.74

ふんわりとリングを包み込む芍薬の花のような、リングピロー。花びらはFlower6や7とセットで作れば一生の思い出に残るギフトにも。

Ivy 1

作り方→ p.79

ふわふわのリングクッションの周りを六角形の刺繍した
枠で囲んだリングピロー。アイビーのように自由に描い
て。リングを通す部分は双葉がモチーフ。

Leaf 3

作り方→ p.40 ［Lesson 作品 −平面−］

ブナの葉をイメージしたイヤリング。葉っぱの周囲をワ
イヤーで型取り、固定して葉脈を刺繍し、ワイヤーを
巻きかがる。細かい葉脈は小さな四角や三角をランダ
ムに。Lessonページで解説。

Leaf 4

作り方→ p.80

菩提樹の葉をイメージした、ハート形のピアス。右は
細かな葉脈、左は大きな筋の葉脈をアシンメトリーに
刺繍したもの。好みの葉っぱをモチーフにしても。

Leaf 3 + 5

作り方→ Leaf 3: p.40 [Lesson 作品 −平面−]
Leaf 5: p.82

上は波打つような周囲の葉の形が特徴の柏の葉をモチーフにしたもの。下はブナの葉がモチーフ。大きな筋の葉脈の数や周囲の形のアレンジで好みの葉に。

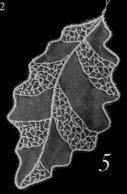

5

3

Leaf 6 + 7

作り方→ p.82

空想上の小さな丸っこい葉っぱと細長い葉っぱ。ピアスやイヤリングだけでなく、ネックレスのペンダントトップなどに仕立てても。

7

6

Flower 9

作り方→ p.83

空想上の小さな花びらをモチーフにしたイヤリング。
耳部分の白いパーツは、半丸のビーズをオーガンジー
に貼りつけ、周囲にビーズを縫いつけて作ったもの。

22

Leaf 8

作り方→ p.84

葉っぱに実がなっているようなイメージの作品。2枚
の葉を刺繍した根元に大小の透明なビーズを縫いと
めてコロンとかわいい表情に。ピアスに仕立てて。

Flower 10

作り方→ p.85

いちごの花をイメージ。しっかりしたガクは、いちごの
実のヘタの部分。めしべのビーズやおしべのペップが
立体的な作品。ブローチやイヤリングに。

Snow

作り方→ p.86

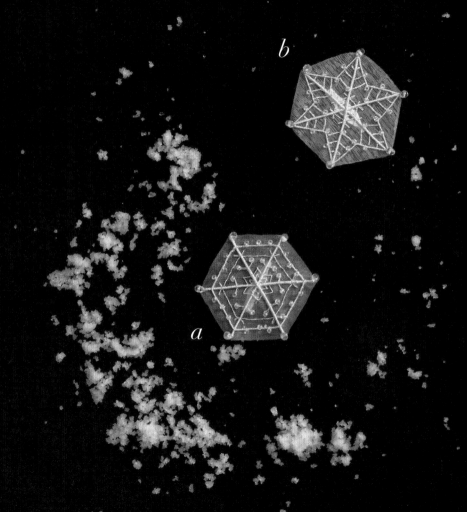

b

a

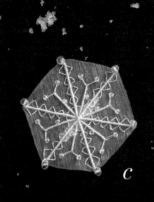

c

雪の結晶をイメージしたブローチのシリーズ。3本のワイヤーを交差させて六角形の結晶の芯の部分を作り、abcそれぞれにアレンジ。切りっぱなしの周囲は、ほつれないように仕立てて。ストールやマフラー、帽子のワンポイントに。

Water 1 + 2

作り方→ Water 1: p.89 / Water.2: p.90

波をイメージしたネックレスとしずく形のピアスのセット。ネックレスは刺繍しながら、途中にビーズやスパンコールを縫いつけて。

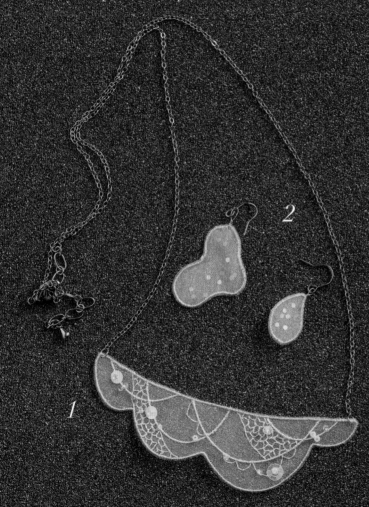

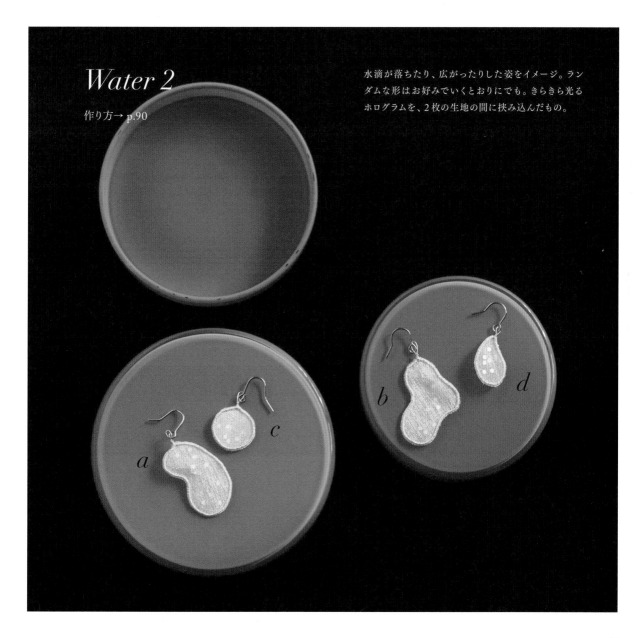

Water 2

作り方→ p.90

水滴が落ちたり、広がったりした姿をイメージ。ランダムな形はお好みでいくとおりにでも。きらきら光るホログラムを、2枚の生地の間に挟み込んだもの。

a

b

c

d

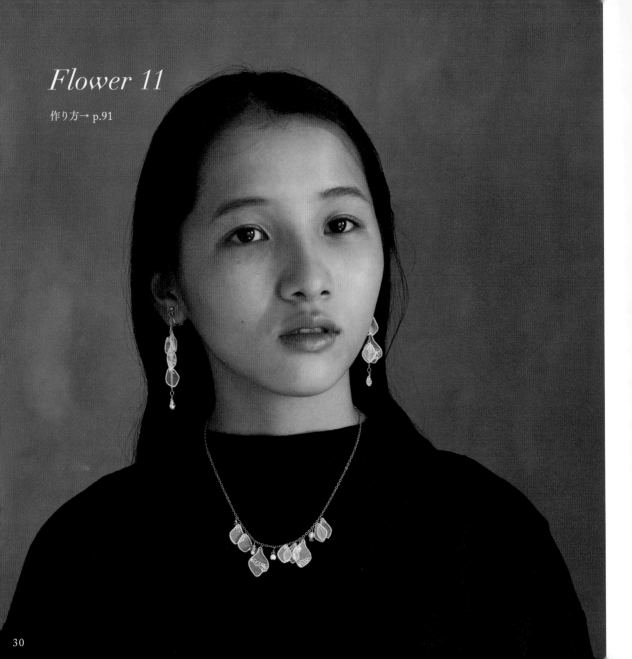

Flower 11

作り方→ p.91

花びらに、朝露がついているイメージで透明ビーズを
あしらって。たくさん作ってチェーンや丸カンでつな
いで、ネックレスや揺れるピアス＆イヤリングに。

Ivy 2

作り方→ p.93

ツタが絡みあったようなイメージでランダムな形状が
ユニークなブレスレット。ワイヤーをかがるときにビー
ズも一緒に縫いつけて。

Ivy 2 + 3

作り方→ p.93

2

3

左ページのブレスレットとおそろいのピアス（右下）。
コンパクトに模様を描いて、1カ所だけにスパンコー
ルとビーズをつけて、ポイントに。

Leaf 9

作り方→ p.94

永遠の命の象徴といわれるふたつ葉のヤドリギをイメージ。葉の根元には透明のビーズで実をつけて。ハットピンでブローチに。

Leaf 10

作り方→ p.94

Leaf 9のアレンジでヤドリギをイメージした葉っぱを2本くっつけたブローチ。「困難に打ち勝つ」という花言葉で、プレゼントにも。

Flower 12

作り方→ p.95

Bolig,
Bulbul,
Cib Klap,
Copenhanger,
COS. www.cosst...
Design by Us, www...
Ferm Living, www.fer...
Fil de Fer, www.fli...
Frama, www.fr...
Gitte Juhl, ...
Gurli Elbæ...
Hay, ...
H...

スパティフィラムという花をモチーフに。中心の花心の
ようなものが花で、フェルトにビーズを縫いつけて。
花びらのように見えるのは葉っぱの一部。ブローチを
ゴムに留めつければブックカバーなどにも。

How to make

作り方

道具と材料

この本の作品を作る際に必要な道具と材料を紹介します。用途を確認して、お手持ちのもので代用してください。

〈必要なもの〉

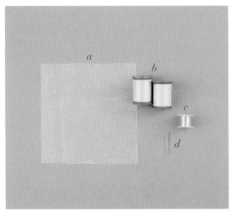

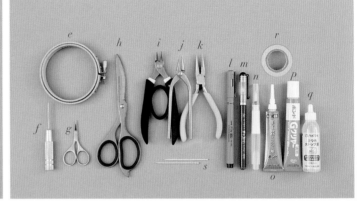

a. オーガンジー
ポリエステル生地またはシルク生地を使用

b. 銀糸
フジックス銀の糸30番、50番を使用

c. ワイヤー
パーツクラブのノンターニッシュシルバー 0.25〜0.4㎜を使用

d. 針
フランス刺繍針10番を使用。細くて短いタイプでビーズも通りやすい

e. 刺繍枠
直径8〜16㎝のものを使用

f. 目打ち
金具を取りつける穴をあけるときなどに使用

g. 糸切りばさみ
刺繍の際など細かな手縫いの部分は小さなはさみがあると便利

h. 裁ちばさみ
オーガンジーを切るはさみ

i. ニッパー
ワイヤーやTピンなどをカットするときに使用

j. 丸やっとこ
先が丸くなっている。ワイヤーを丸めるときなどに使用

k. 平やっとこ
先が平たい。ワイヤーを整えるときなどに使用

l. ペン
図案を紙に写すときに使用

m. 水で消えるペン
図案をオーガンジーに写すときに使用

n. 水筆または筆
水で消えるペンを消すときに使用

o. 手芸用接着剤
金具と作品をつけるときなどに使用

p. 接着剤
ワイヤーとオーガンジーを貼りつけるときに使用、Gクリヤーがおすすめ

q. ほつれ止め液
刺繍したオーガンジーをカットする際に使用

r. マスキングテープ
図案や糸を固定するのに使用

s. つまようじ
針金に接着剤をつけるときや生地にほつれ止め液をつけるときに使用

〈作品によって使うもの〉

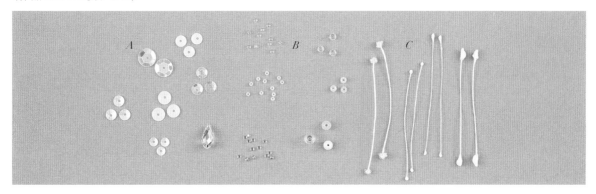

A. スパンコール

スパングル亀甲の白、透明、オーロラなどを使用

B. ビーズ

ボタンカットやボヘミアンビーズ、クリスタルなどの白や透明を使用

C. ペップ

先端の形にもいろんなタイプがあるのでお好みで

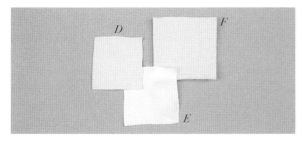

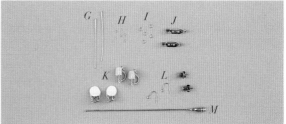

D. レザー

金具をくるむ始末などに使用。薄手のシープスキンなど

E. サテン

透けない厚さのポリエステルなどお好みで。

F. フェルト

厚さ2mmのもの。茎部分の厚みを出すのに使用

G. Tピン

0.6×40mmを使用

H. つなぎパーツ

0.3×8mm。チェーンにつないで長さを出す

I. 丸カン

0.5×3.5mmの洋白タイプ

J. 造花ピン

つぶし玉つきのタイプ

K. バネイヤリング

耳にあたる部分にカバーがつくタイプ

L. ピアス金具

丸皿つきのキャッチタイプとフック式タイプ

M. ハットピン

つぶし玉つきのタイプ

平面作品の Lesson

Leaf 3 Photo→ p.18/20

〈でき上がり寸法〉長さ6.5cm

ブナの葉をイメージしたこの作品は、内側の左右に広がる葉脈はストレート・ステッチ、細かなうろこ状の葉脈はストレート・ステッチとボタンホール・ステッチの要領でランダムに刺繍します。葉っぱの輪郭部分とまん中の葉脈には針金を入れて巻きかがります。

〈実物大図案〉

ストレート・S
＋
ボタンホール・S

ストレート・S

針金(0.3mm)
銀糸で巻きかがる

〈材料〉

オーガンジー … 白　適量

0.3mm針金(ノンターニッシュシルバー★P) … 適量

銀糸50番(銀の糸★F) … 各適量
※プロセス解説ではわかりやすいように糸の色を変えています

イヤリングパーツ(PT-302715-R★P) … 1組

丸カン0.5×3.5mm(EU-02449-R★P) … 洋白　1個

図案に合わせてワイヤーを成形する

1

図案をトレーシングペーパーに写す。図案の周囲に針金をあて、おおよその長さを測り、多めにカットする。

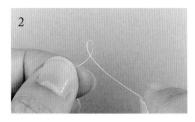

2

針金の端を3cmほど残し、針金で輪を作る(図案上部の輪の部分)。

3

輪の部分をマスキングテープで固定し、平やっとこと指を使って図案に沿わせ、おおまかに指で針金のカーブを作る。

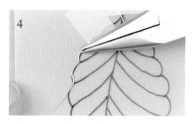

平やっとこを使って、細かな部分を調整しながら、マスキングテープで固定する。

図案の周囲全体を針金で成形したところ。

針金の最後の部分を2の輪の部分に巻きつける。

根元から3周ほど巻きつける。

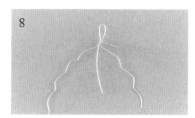

巻きつけてカットしたところ。

ニッパーを使って根元でカットする。

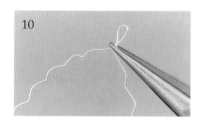

平やっとこを使って、カットした部分を馴染ませる。

中心の葉脈部分の針金も、図案に沿わせてカットしておく。

刺繍枠にオーガンジーを張る

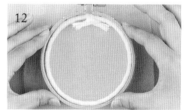

刺繍枠にオーガンジーをはめ込む。内側の刺繍枠には布などを巻いておくとよい。

箱に図案を貼る

13

5cmほどの高さのある箱などに図案を貼る。

接着剤をつけ、オーガンジーに貼る

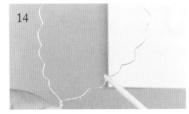

14

不要な紙の端などに接着剤を出しておき、針金のオーガンジーに貼りつける側につまようじで塗る。

15

図案を貼った箱の上に刺繍枠をのせ、図案に沿うように針金を貼りつける。

模様を写す

16

葉脈部分を水で消えるペンでオーガンジーに写す。

図案の中の葉脈部分を刺繍する

17

16で写した葉脈の端に、手前から針を刺す。

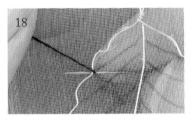

18

針金と葉脈の線の端が当たる部分に糸端を2cmほど残し、針金を巻くように手前に針を出す。

19

17で刺した糸のすぐ横に針を刺す。

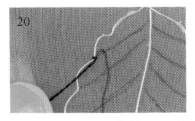

20

糸端を引いて、しっかり引き締める。1回巻きがかったところ。

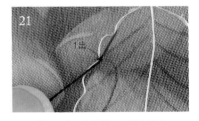

21

19で刺した糸のすぐ横から針を出す。

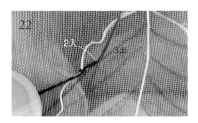

ストレート・ステッチ（以下、ストレート・S）で2〜3mmほど刺し、織り糸1本横から針を出す。

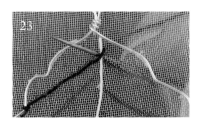

同様にストレート・Sを繰り返し、中心の葉脈部分の針金の手前まで刺繍したら、針金を巻きかがる。

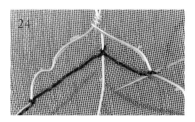

続けてストレート・Sで枠の針金部分まで刺繍し、針金を巻きかがる。

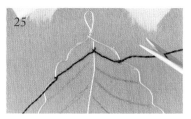

糸端を2cmほど残しカットする。

16で写したすべての葉脈部分を刺繍したところ。

糸端をマスキングテープで留めておく。

図案の中の細かな葉脈部分を刺繍する

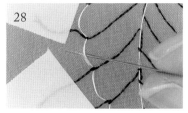

外周の針金のきわに針を刺す。

糸端を引っ張りながら、巻きかがる。

28で刺した糸のすぐ横に針を刺し、糸を引き締めて糸端を固定する。

31 針金のきわから針を出す。図案のように四角や三角の形になるように、刺繍していく。

32 2mmほど離れた部分に針を入れ、ストレート・Sをする。

33 32で刺したところのすぐ横から針を出す。

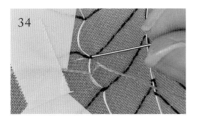

34 葉脈に重なるように2mmほどのストレート・Sをする。葉の模様は、ところどころ針金や葉脈にからめながら刺繍する。

35 刺繍がつながるように、ふたたび32で刺した部分のすぐ横から針を出す。

36 2mmほど離れた適当な部分に針を入れ、ストレート・Sをする。

37 糸を引いたところ。

38 外周の針金の外側のきわから針を出して針金に巻きかがり、36で刺した部分のすぐ横から針を出す。

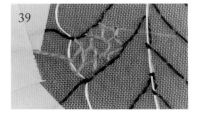

39 31〜38の要領で、ランダムにストレート・Sやボタンホール・Sをする。糸を切るときは必ず針金のきわで終える。

外周の針金を巻きかがる

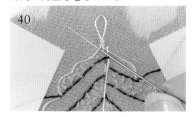

40

全体を刺繍したら、外周の針金を巻きかがる。新しい糸をつけ、針金の内側のきわに針を刺す。

41

外周の針金の外側のきわから針を出す。

42

糸端を引っ張りながら、40で刺した部分のきわに針を入れる。

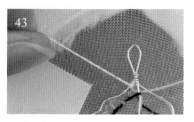

43

糸端を巻き込みながら3回ほど巻きかがる。

44

糸端をカットする。

45

続けて巻きかがる。途中で葉脈部分の糸端を巻き込みながら、外周をかがっていく。

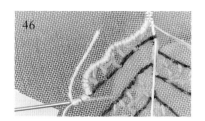

46

43と同様に3回ほど巻き込んだら、葉脈の糸端はカットする。

途中で糸が切れた場合

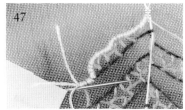

47

途中で糸が切れた場合は、新しい糸で40～44と同様に針金の内側のきわに針を刺し、糸端を引っ張りながら巻きかがる。

48

切れた糸と、新しい糸の両方の糸端を引っ張りながら巻きかがり、3回ほど巻き込んだら糸端をカットする。

49

外周の針金を一周したら、最後は輪にした針金の根元部分の外側のきわから針を出す。

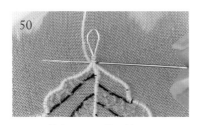

50

なるべく針金のきわに針を刺し、2回ほど巻きかがる。

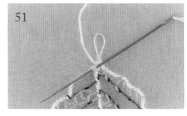

51

外周の近くのかがった部分2目ほどに針を刺し、糸を通す。

52

糸端をカットする。

53

全体の刺繍ができたところ。

外周にほつれ止め液をつける

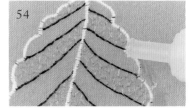

54

ほつれ止め液を外周部分につける。刺繍した部分の内側につかないように注意する。

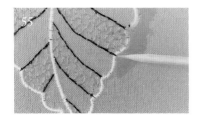

55

つまようじで液体を伸ばしながら、細部にもつける。

水で消えるペンの跡を消す

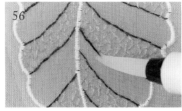

56

水で消えるペンの跡を水をつけた筆で塗り、消していく。

周囲をカットする

57

ほつれ止め液が乾いたら、刺繍枠から外し、はさみで周囲をカットする。

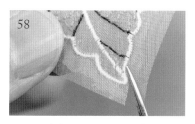

58 はさみで細部をカットする。一気にカットせず、切りやすい部分から始める。

59 向きを変えるなどしてなだらかな部分をカットしたところ。

60 くぼみの大きいところも、巻きかがった部分を切らないように注意してカットする。

イヤリングパーツを取りつける

61 全体をカットしたところ。

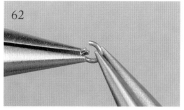

62 平やっとこと丸やっとこを使い、丸カンを開く。

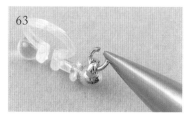

63 イヤリングパーツに丸カンを通す。

64 でき上がった本体にも丸カンを通す。

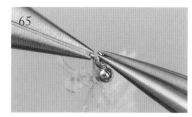

65 丸カンを閉じる。

66 イヤリングパーツがついて完成。

立体作品のLesson

Flower 5 Photo→ p.11

〈でき上がり寸法〉高さ 4.5cm

平面に刺繍した花びら部分を縫い合わせることで立体にするLesson作品。ラッパ状に花びらを広げるヒナザクラは、ガクの部分もチャームポイントで、ロングアンドショート・ステッチで刺し埋めて、立体的な表情に。Tピンに通す同系色のビーズで素材感にコントラストを。

〈実物大図案〉

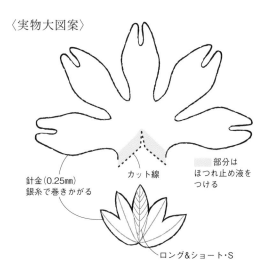

針金（0.25mm）
銀糸で巻きかがる

カット線

部分はほつれ止め液をつける

ロング&ショート・S

〈材料〉

オーガンジー … 白　適量

0.25mm針金（ノンターニッシュシルバー★P）… 適量

銀糸50番、30番（銀の糸★F）… 各適量

白メノウ4mm（ST-00478-15★P）… 2個

ボタンカットビーズ2mm（DP-00621-000★P）… 透明　1個

糸芯バラペップ … 白（NP-024★S）… 5本

Tピン0.6×40mm（PC-3000058-R★R）… 1本

ピアスフック式（PC-3000091-R★P）… 1組

図案に合わせてワイヤーを成形する

1

図案をトレーシングペーパーに写し、針金を多めにカットする。平面作品の3〜5（p.40〜41）を参照してワイヤーを成形する。

刺繍枠と図案をセットする

2

平面作品の11〜15（p.41〜42）を参照して箱に図案を貼り、刺繍枠にオーガンジーを張る。図案に沿うように針金を貼る。

図案の外周部分を巻きがかる

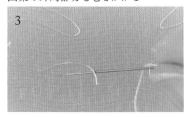

3

針金の端4mmほどを残した部分から刺し始める。針金の内側のきわに針を刺す。

4

すぐ横の外側から針を出し、糸端を2cmほど残して巻きかがる。糸端を引っ張って巻き込みながら、3回ほど巻きかがる。

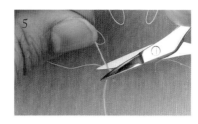

5

糸端をきわでカットする。

6

カットしたところ。

外周にほつれ止め液をつける

7

最後の針金の端も4mmほど残し、最後の巻きかがり部分2目ほどに糸をからめる。全体を巻きかがったところ。

8

ほつれ止め液を外側につける。巻きかがり部分の内側につかないように注意する。

9

つまようじで液体を伸ばしながら、細部にもつける。

10

巻きかがり部分の内側にしみ出そうなときは、ティッシュの端などで吸い取る。

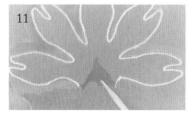

11

針金の端どうしの間の図案の　部分にも、ほつれ止め液をつける。

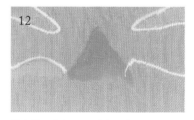

12

針金端の先までしっかりつける。

ガクの部分の図案を刺繍する

13

3mmほど針金の端を重ねる

平面作品の3〜15（p.40~42）を参照して針金を成形してオーガンジーに貼りつけ、水で消えるペンで刺繍のガイド線を描く。

14

入

刺繍する部分の真ん中あたりに針を刺す。

15

出

2mmほど上から針を出し、糸端を4mmほど残して、糸を引く。

ワイヤーを縫いつける

16

オーガンジーの織り糸2本くらいを返し縫いして、糸端を止める。

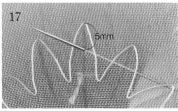

17

5mm

ガイド線の上端から5mmくらいのところから針を出す。

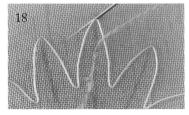

18

針金の外側のきわに針を刺し、針金を巻き込みながら中央の1列をロングアンドショート・Sで刺繍する。

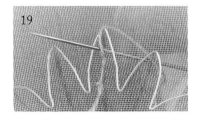

19

ガイド線から少し離れたところから針を出す。

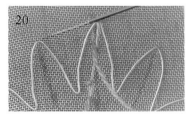

20

18の目のすぐ横に針を刺す。

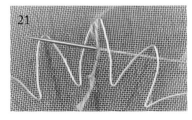

21

17の目のすぐ横のガイド線から針を出す。19〜を同様に繰り返し、糸が重なるようにして厚みを出しながら刺繍する。

図案下まで刺繍したら、針金の外側のきわから針を出す。

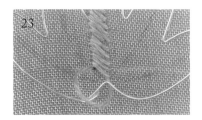

ロングアンドショート・Sに続けて刺し、糸を引く。

糸を引き締める。

ガイド線に少し重なるように下から順にロングアンドショート・Sで図案を埋める。ほかのガクの部分も同様に刺繍する。

すべてのガクを刺繍したところ。8〜10を参照してほつれ止め液をつける。

周囲をカットする

ほつれ止め液が乾いたら、刺繍枠から外し、はさみで周囲をカットする。

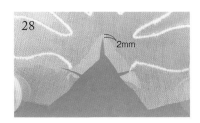

針金の端どうしの間は図案を参照してカットし、三角の部分のてっぺんは2㎜ほど残して、切り込みを入れる。

平面作品の58〜61（p.47）を参照して外周をカットする。

針金の端を始末し、花びらを作る

28でカットした三角の部分を写真のように合わせる。

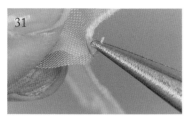

31

針金の端が重なるように、平やっとこで90度に折り返す。

32

左右の針金の端を折り、90度に重ねたところ。

33

糸端を3cmほど残し、針金の端を巻きかがる。

34

糸を引き締め、針金が外れないように糸端を巻き込みながら3回ほど巻きかがる。

35

並縫いで写真のように、28でカットした三角の部分を縫う。

36

並縫いを往復して、反対側の針金の端を3回ほど巻きかがる。

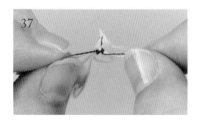

37

糸端を巻きかがった目に返し縫いをし、両端の糸をカットする。

ガクを作る

38

26のガクも平面作品の58〜61 (p.47) を参照して外周をカットし、両端を縫い合わせる。

花心を作る

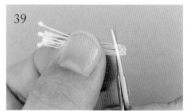

39

ペップを折り、端の4mmほどをカットする。

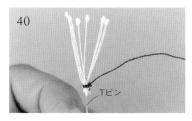

40

ペップの端とTピンのTの部分を重ね、糸で巻く。

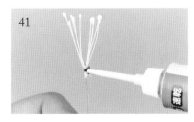

41

糸を巻いた部分に接着剤をつける。

42

37でできた花びらの中央に目打ちで穴をあける。

ワイヤーをとめつける

43

41でできた花心の接着剤が乾いたら、42の穴に通す。

44

花びらの裏側に白メノウ1個を通す。

45

44のメノウにガクをかぶせ、さらに白メノウとボタンカットビーズ各1個を通す。平やっとこで白メノウのきわを90度に折り曲げる。

46

丸やっとこで輪を作る。

47

ワイヤーの端をニッパーでカットする。

48

平やっとこでワイヤーの先端を整え、針金の根元のすき間を閉じる。

ガクと花びらを固定する

49

花びらの内側の、針金のつなぎ目の下あたりから針を刺す。

50

ガクの外側まで糸を通す。

51

ガクの表にひびかないくらい小さめの針目で、花びらの内側に通す。

52

糸を引き、花びらとガクを固定する。

53

ピアス金具を平やっとこで開き、48で作った輪に通す。

54

平やっとこで、ピアス金具を閉じる。

茎のある作品の始末

1

2本ある茎の針金のうちの、長いほうの先を短いほうの長さに合わせて折り、接着剤をつけながら糸を巻きつける。

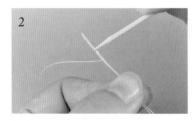

2

接着剤はつまようじで均等に伸ばす。

3

しっかり糸を引きながら巻く。

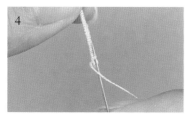

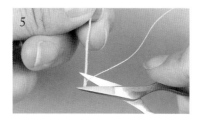

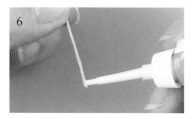

端まで巻きつけたら、糸に針をつけて2〜
3目ほどにくぐらせ、糸端を始末する。

糸端のきわでカットする。

糸端に接着剤をつけ、なじませる。

〈この本で使用しているステッチ〉

ここで紹介しているステッチのほかは、並縫
いや巻きかがりなど基本的な手縫いの方法
のみです。フリーステッチの部分は技法を参
考に、アレンジしながら縫い進めましょう。

ランニング・ステッチ

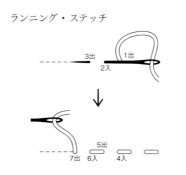

ストレート・ステッチ

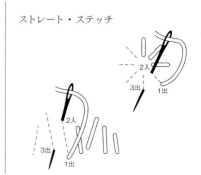

ロング＆ショート・ステッチ

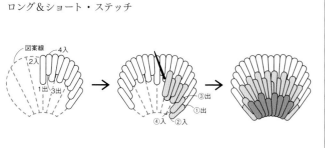

ブランケット・ステッチ

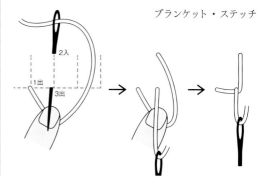

Flower 1

Photo → p.06

<でき上がり寸法>

直径約 4㎝

〈材料〉

- オーガンジー…白　適量
- 0.3㎜針金（ノンターニッシュシルバー★P）…適量
- 銀糸50番（銀の糸★F）…適量
- チェコラウンドビーズ4㎜（FE-0004062★P）…半透明　2個
- ビーズペップ（NP-031★S）…白　8本
- 樹脂ノンホールピアス8㎜平皿（PT-303502-R）…1組
- レザー…適量

〈作り方〉

p.48「立体作品のLesson」と実物大図案を参照し、針金を成形して貼り、針金を巻きかがる。
花びらパーツをオーガンジーに縫いつけ、ペップとビーズの花心を縫いつける。
仕立て方を参照して、ピアス金具をつける。

〈組み立て方〉

❶刺繍枠に土台のオーガンジー（別布）を張り、花びらパーツの中心にギャザーを寄せながら縫いつける。

❷ペップ4本を半分に折り、適当な長さに切ったら❶の中心にバランスを見ながら縫いつける。さらにビーズを縫いつけ、あまった糸をペップの根元に2〜3回巻きつけ、裏で玉どめをする。

❸ペップの根元とビーズに接着剤をつけて乾かし、土台のオーガンジーを直径8㎜程度の円形に切り、仕立て方を参照してピアス金具をつける。

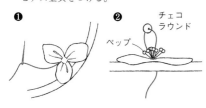

❶

❷　チェコラウンド

ペップ

〈仕立て方〉

レザーをピアス金具が隠れる丸形にカットし、半径に切り込みを入れる。ピアス金具の平皿に接着剤をつけてパーツの裏に貼り、接着剤をつけたレザーで金具を隠す。

金具

切り込み

レザー

〈実物大図案〉

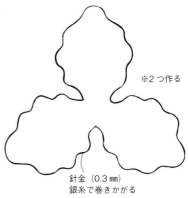

※2つ作る

針金（0.3㎜）
銀糸で巻きかがる

Lace 1

Photo → p.08

<でき上がり寸法>

長さ約 3.5㎝

〈材料〉

・オーガンジー…白　適量
・0.25㎜針金（ノンターニッシュシルバー★P）…適量
・銀糸50番（銀の糸★F）…適量
・アクリル半丸パール 12×16㎜（OL-00654-WH★P）…2個
・ボヘミアンビーズ（CF-78102★P）…シルバー　適量
・バネイヤリング丸皿 9㎜（PC-301581-R★P）…1組
・レザー…適量

〈作り方〉

p.48「立体作品のLesson」と実物大図案を参照し、針金を貼って編み目部分を刺繍し、針金を巻きかがる。
切り取ったパーツをひだを寄せながらオーガンジーに縫いつけ、半丸パールやビーズを縫いつける。
仕立て方を参照してピアス金具をつける。

〈組み立て方〉

❶刺繍枠に土台のオーガンジー（別布）を張り、刺繍パーツにひだを寄せながら縫いつける。

❷半丸パールの裏に接着剤をつけ、①の縫い目を隠すように貼り、接着剤が乾いたら、p.83のビーズのつけ方と同様に並べて縫いつける。縫った部分はほつれ止め液をつけて乾かし、土台のオーガンジーは半丸パールより小さく切り出す。

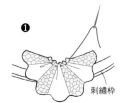

❶

刺繍枠

❷

ボヘミアンビーズ

半丸パール

〈仕立て方〉

レザーを半丸パールで隠れる楕円形にカットし、イヤリング金具の先が通る切り込みを入れる。イヤリング金具とレザーを接着剤でつける。

レザー

イヤリング金具

切り込みに通す

裏

〈実物大図案〉

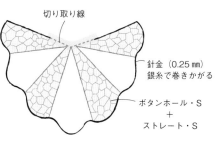

切り取り線

針金（0.25㎜）
銀糸で巻きかがる

ボタンホール・S
＋
ストレート・S

░░ 部分はほつれ止め液をつける

Flower 2
Photo → p.09

〈材料〉

・オーガンジー…白　適量
・0.25mm針金（ノンターニッシュシルバー★P）…適量
・銀糸 50 番（銀の糸★F）…適量
・ボタンカットビーズ 2mm（DP-00621-000★P）…透明　適量
・ボヘミアンビーズ（CF-58205★P）…透明　適量
・ボヘミアンビーズ（CF-78102★P）…シルバー　適量

・フェルト…白　適量
・チタンポストピアス丸皿 6mm（PT-301362-R★P）…1 組
・レザー…白　適量

〈作り方〉

p.48「立体作品の Lesson」と実物大図案を参照し、針金を成形して貼り、花びらの模様を刺繍し、針金を巻きかがる。
フェルトの花心を作る。
仕立て方を参照して、ピアス金具をつける。

〈組み立て方〉

❶フェルトの花心を作る。刺繍枠にフェルトを張り、チャコペンで約 8mmの円を描き、ビーズをランダムに刺繍する。裏にほつれ止め液をつけ、乾いたら切り出す。
❷花びらパーツの中心に目打ちで穴をあけ、ピアス芯を通してボンドで固定し、ピアス金具の平皿に①を貼って隠す。
❸フェルトの花心の側面にボヘミアンビーズ透明を縫いつける。

〈仕立て方〉

レザーをピアス金具が隠れる丸形にカットする。花びらの中心に目打ちで穴をあけ、ピアス芯とレザーを通し、接着剤で固定する。

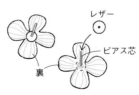

レザー
裏
ピアス芯

〈実物大図案〉

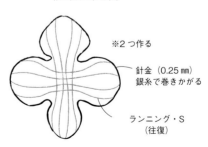

※2 つ作る

針金（0.25 mm）
銀糸で巻きかがる

ランニング・S
（往復）

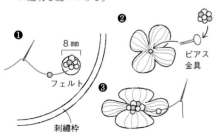

❶
8 mm
フェルト

❷
ピアス金具

❸

刺繍枠

58

Flower 3

Photo → p.09

<でき上がり寸法>

長さ約 2cm

〈材料〉

<材料>
・オーガンジー…白　適量
・0.25mm針金（ノンターニッシュシルバー★P）…適量
・銀糸 50 番（銀の糸★F）…適量
・ボタンカットビーズ 2mm（DP-00621-000 ★P）…透明　適量
・ボタンカットビーズ 2mm（DP-00621-45B ★P）…半透明　適量
・ボヘミアンビーズ（CF-58205 ★P）…透明　適量
・ボヘミアンビーズ（CF-57205 ★P）…白　適量
・ボヘミアンビーズ（CF-78102 ★P）…シルバー　適量

・フェルト…白　適量
・バネイヤリング丸皿 9mm（PC-301581-R ★P）…1 組
・レザー…白　適量

〈作り方〉

p.48「立体作品の Lesson」と実物大図案を参照し、針金を成形して貼り、花びらの模様を刺繍し、針金を巻きかがる。
フェルトの花心を作る。仕立て方を参照して、ピアス金具をつける。

〈組み立て方〉

❶刺繍枠にフェルトを張り、チャコペンで三角形を描く。花のパーツを三角の上に置き、花心のビーズを縫いつけながらフェルトに縫いつける。
❷三角形内の表面が隠れるようにボヘミアンビーズ透明を縫いつけ、裏にほつれ止め液をつけ、乾いたら切り出す。

〈仕立て方〉

レザーをフェルトと同じ三角形にカットする。下から 2mm 程度のところに切り込みを入れ、イヤリング金具とレザーを接着剤でつける。

〈実物大図案〉

※4 つ作る

※2 つ作る

針金（0.25mm）
銀糸で巻きかがる

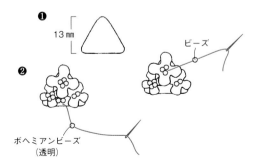

❶

13 mm

ビーズ

❷

ボヘミアンビーズ
（透明）

レザー

2 mm

切り込みに
通す

イヤリング金具

Flower 4

Photo → p.10

〈でき上がり寸法〉

長さ約 8 cm

〈材料〉

- オーガンジー…白　適量
- 0.25mm針金、0.3mm針金（ノンターニッシュシルバー★ P）…適量
- 銀糸 50 番、銀糸 30 番（銀の糸★ F）…適量
- 糸芯バラペップ (NP-024 ★ S)…白　5 本
- 白メノウ 4mm (ST-00478-15 ★ P)…2 個
- 造花ピン 20mm（★ K）…1 個

〈作り方〉

p.48「立体作品の Lesson」と実物大図案を参照し、花びらとガクを 2 個ずつ作る。仕立て方を参照して、ピアス金具をつける。

〈組み立て方〉

❶ペップ 5 本を半分に折り、約 2.5 cmの長さにカットし、半分に折った針金（0.3 mm）に接着剤をつけた銀糸で巻いて固定し、花びら、白メノウ、ガクの順に通す。もうひとつも同様に作る。

❷①の茎を 5 cmと 6 cmの長さにカットし、少しカーブさせたら 2 本を合わせ、針金（0.3 mm）に銀糸 30 番を巻きつけながら束ねる。

〈仕立て方〉

造花ピンを茎の裏側に接着剤でつけ、銀糸で縫いつけ、接着剤を乾かす。

茎

接着剤

〈実物大図案〉

❶

ペップ

花びら

白メノウ

ガク
（水色線ぬう）

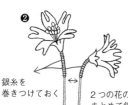

❷

銀糸を
巻きつけておく

2 つの花の茎を
まとめて銀糸で
巻く

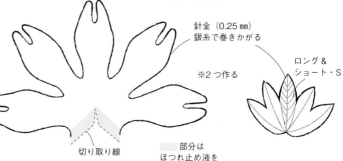

針金（0.25 mm）
銀糸で巻きかがる

※ 2 つ作る

ロング &
ショート・S

切り取り線

部分は
ほつれ止め液を
つける

Lace 2

Photo → p.11

<でき上がり寸法>

長さ約 4.5㎝

〈材料〉

- オーガンジー…白　適量
- 0.25㎜針金（ノンターニッシュシルバー★P）…適量
- 銀糸 50 番（銀の糸★F）…適量
- ビーズペップ（NP-031★S）…白　4 本
- 座金（PC-300543-R★P）…1 個
- 9 ピン 0.5 × 14㎜（PC-300037-R★P）…1 本
- 丸カン 0.5 × 3.5㎜（EU-02449-R★P）..洋白　1 個
- ピアスフック式（PC-300091-R★P）…1 組

〈作り方〉

p.48「立体作品の Lesson」と実物大図案を参照し、針金を貼ってジグザグに縫いながら模様を刺繍し、針金を巻きかがる。
組み立て方を参照してペップでめしべを作り、ピアス金具をつける。

〈組み立て方〉

❶ビーズペップ 4 本を丸カンに通して半分に折り、糸で巻いて接着剤で固定する。
❷①の丸カンに 9 ピンをつけ、刺繍パーツの中心に目打ちで穴をあけ、9 ピンと座金を通す。9 ピンの先をペンチで丸め、ピアス金具をつける。

❷

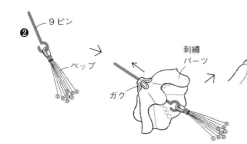

9 ピン

ペップ

ガク

刺繍
パーツ

9 ピンの
先を丸めて
ピアスにつける

〈実物大図案〉

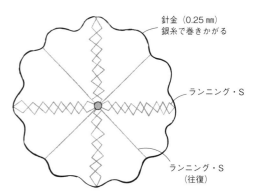

針金（0.25 ㎜）
銀糸で巻きかがる

ランニング・S

ランニング・S
（往復）

Leaf 1

Photo → p.12

<＜でき上がり寸法＞

高さ約 10cm

〈材料〉

・オーガンジー… 白　適量
・0.5mm針金（ノンターニッシュシルバー★P）…適量
・銀糸 30 番（銀の糸★F）…適量
・針金ブレス 1 連　直径 50mm（EU-02169-R）… シルバー　1 本
・幅 3mm サテンリボン・白　40cm
・幅 1.5mm レース…白　20cm

・クリスタルオーロラ 11 × 5.5mm（#6010 000A ★ P）…5 個
・ボヘミアンビーズ（CF-58205 ★ P）…透明　15 個
・ボヘミアンビーズ（CF-57205 ★ P）…白　40 個
・ボヘミアンビーズ（CF-78102 ★ P）…シルバー　35 個
・スパングル亀甲 5mm（NO.600 ★ T）…透明　15 個
・竹ビーズ一分竹（NO.1 ★ T）…透明　40 個

〈作り方〉

p.48「立体作品の Lesson」と実物大図案を参照し、針金を貼って刺繍し、ビーズを縫いつけて葉のパーツを作る。同様に 5 枚作る。
針金ブレス（丸パーツ）を土台にして葉を組み立てて縫いつける。

〈組み立て方〉

❶丸パーツを作る。ワイヤーブレス直径 5
　cm（一連分）でカットする。ブレスのつ
　ぎ目はセロハンテープで固定する。サ
　テンリボンを接着剤をつけながら巻きつけ
　る。端を糸で縫いつけ、始末する。

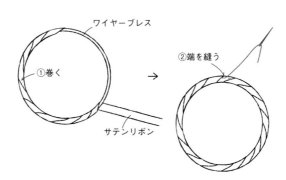

❷丸パーツに葉のパーツ5枚を等間隔につける。葉のパーツの根元に残した針金を丸パーツに2～3回巻きつける。残りの針金はペンチでカットし、なじませる。残したオーガンジーも丸パーツに巻きつけて糸で縫いつける。

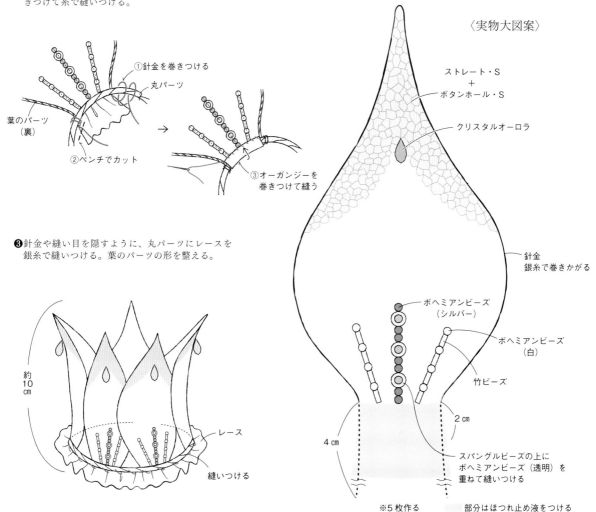

①針金を巻きつける

丸パーツ

葉のパーツ
（裏）

②ペンチでカット

→

③オーガンジーを
巻きつけて縫う

❸針金や縫い目を隠すように、丸パーツにレースを銀糸で縫いつける。葉のパーツの形を整える。

約10cm

レース

縫いつける

〈実物大図案〉

ストレート・S
＋
ボタンホール・S

クリスタルオーロラ

針金
銀糸で巻きかがる

ボヘミアンビーズ
（シルバー）

ボヘミアンビーズ
（白）

竹ビーズ

2cm

4cm

スパングルビーズの上に
ボヘミアンビーズ（透明）を
重ねて縫いつける

※5枚作る　　　部分はほつれ止め液をつける

Leaf 2

Photo → p.13

<でき上がり寸法>

高さ約 10cm

〈材料〉

・オーガンジー… 白　適量
・0.4mm、0.5mm針金（ノンターニッシュシルバー★P）…適量
・銀糸 30 番（銀の糸★F）…適量
・クリスタルオーロラ 7 × 4mm（#6007 000A★P）…5 個
・ボタンカットビーズ 2mm（DP-00621-000★P）…透明　54 個

・綿…適量
・サテン生地…白　適量
・レース…白　適量
・発砲スチロール（厚み 2mm）…適量
・厚紙…適量

〈作り方〉

p.48「立体作品の Lesson」と実物大図案を参照し、針金を貼って刺繍し、ビーズを縫いつけて葉のパーツを作る。同様に 5 枚作る。台座とクッションを作り、葉を組み立てて縫いつける。

❶台座を作る。発砲スチロールを直径 5cm の筒状にカットする。サテン地を 17 × 5cm にカットし、上下に切り込みを入れる。発砲スチロールの側面にサテン地の裏面に接着剤をつけて貼る。上下は切り込み部分を折り込む。端は折り込んで糸で縫いつける。

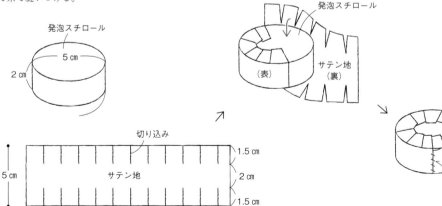

発泡スチロール

5 cm

2 cm

発泡スチロール

サテン地
（表）　（裏）

切り込み

サテン地

5 cm

1.5 cm

2 cm

1.5 cm

縫う

❸側面下の位置と葉のパーツの下側を合わせて重ねる。その
　上にレースを銀糸で縫いつける。残した針金は下に折り込
　む。葉5枚をバランスよくつける。

❹厚紙を直径5㎝、サテン地を直径7㎝にカットし、厚紙と
　サテン地を接着剤で貼る。サテン地のまわりに切りこみを
　入れ、接着剤で折り込んで貼る。

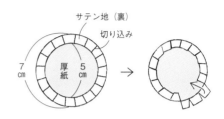

葉のパーツ
（表）

縫う

レース

サテン地（裏）

切り込み

7
㎝

厚
紙

5
㎝

❺③の下側に④を接着剤で貼る。

❻クッションを作る。針金（0.4㎜）36㎝にビーズを通し、先を曲げたものを2本作る。
　サテン地を直径11㎝にカットし、まわりをぐし縫いする。厚紙は直径3㎝にカット
　する。サテン地と厚紙の中央に針金が2本通るくらいの穴を2個あける。

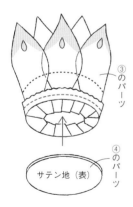

③の
パーツ

④の
パーツ

サテン地（表）

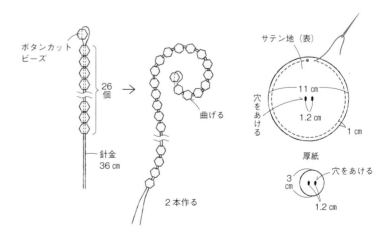

ボタンカット
ビーズ

26
個

針金
36 ㎝

曲げる

2本作る

サテン地（表）

11 ㎝

穴
を
あ
け
る

1.2 ㎝

1 ㎝

厚紙

穴をあける

3
㎝

1.2 ㎝

❼サテン地の裏に厚紙を穴を合わせて重ね、①の針金を差し込む。綿を入れ、ぐし縫いの糸を引き絞り、とめる。下の針金は平らに折り曲げる。

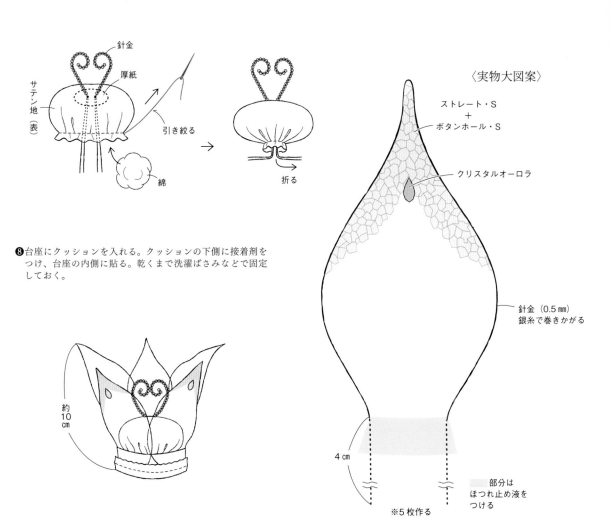

針金

厚紙

サテン地（表）

引き絞る

綿

折る

❽台座にクッションを入れる。クッションの下側に接着剤をつけ、台座の内側に貼る。乾くまで洗濯ばさみなどで固定しておく。

約10cm

〈実物大図案〉

ストレート・S ＋ ボタンホール・S

クリスタルオーロラ

針金（0.5㎜）銀糸で巻きかがる

4㎝

部分はほつれ止め液をつける

※5枚作る

Flower 6

Photo → p.14

<でき上がり寸法>
直径約 11 ㎝

〈材料〉

- オーガンジー… 白　適量
- 0.3㎜、0.4㎜針金（ノンターニッシュシルバー ★ P）…適量
- 銀糸 30 番、50 番（銀の糸 ★ F）…適量
- ボタンカットビーズ 2㎜（DP-00621-45B ★ P）…半透明　適量
- ボタンカットビーズ 2㎜（DP-00621-000 ★ P）…透明　適量
- ボヘミアンビーズ（CF-58205 ★ P）…透明　適量
- ボヘミアンビーズ（CF-57205 ★ P）…白　適量
- ボヘミアンビーズ（CF-78102 ★ P）…シルバー　適量
- スパングル亀甲 5㎜（NO.600 ★ T）…透明　適量
- ウォッシャブルスパングル亀甲 4㎜、5㎜、6㎜（NO.10 ★ T）…白　適量
- ウォッシャブルスパングル亀甲 4㎜、5㎜（NO.19 ★ T）…オーロラ　適量
- 竹ビーズ一分竹（NO.121 ★ T）…白　適量
- 竹ビーズ一分竹（NO.1 ★ T）…透明　適量
- クリスタルオーロラ 11 × 5.5㎜（#6010 00A ★ P）…1 個
- チェコラウンドビーズ 5㎜（FE-0005001 ★ P）…透明　適量
- 白メノウ 8㎜（ST-00451-15 ★ P）…適量
- ビーズペップ（NP-031 ★ S）…適量
- ワイドクリップ S（KG-20-SV ★ S）…1 個
- フローラルテープ…白　適量
- チュールレース…適量

〈作り方〉

p.48「立体作品の Lesson」と実物大図案を参照し、針金を貼って刺繍し、ビーズを縫いつけて花びらのパーツを作る。大 1 枚、中 5 枚、小 2 枚を作る。花心のパーツを作り、レースを切り出して、すべてのパーツを組み立ててワイドクリップをつける。

〈組み立て方〉

❶ 花びらパーツの端を始末する。花びら
パーツの根元をぐし縫いし、引き絞る。
根元に数回巻きつけ、針を刺して留める。
巻きつけた部分を接着剤で固める。花び
ら 8 枚を同様に始末する。

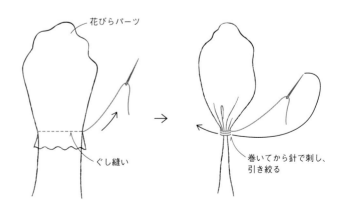

花びらパーツ

ぐし縫い

→

巻いてから針で刺し、
引き絞る

❷花心パーツを作る。パーツB～Eは針金（0.3㎜）にビーズを通す。

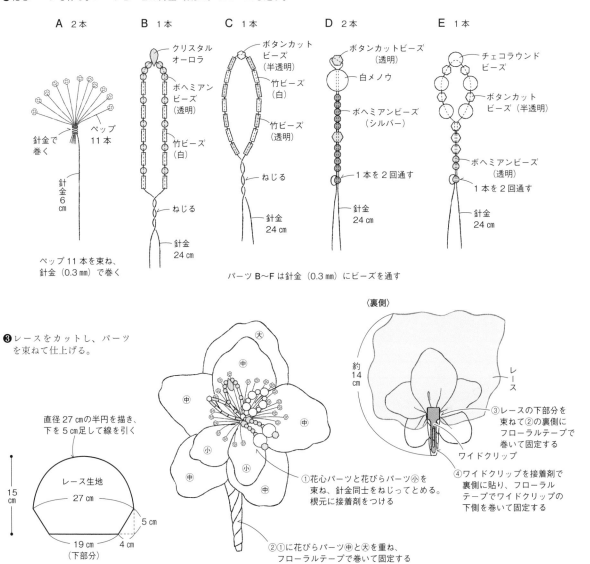

A　2本

針金で
巻く
ペップ
11本
針金
6
cm

ペップ11本を束ね、
針金（0.3㎜）で巻く

B　1本

クリスタル
オーロラ
ボヘミアン
ビーズ
（透明）
竹ビーズ
（白）
ねじる
針金
24 cm

C　1本

ボタンカット
ビーズ
（半透明）
竹ビーズ
（白）
竹ビーズ
（透明）
ねじる
針金
24 cm

D　2本

ボタンカットビーズ
（透明）
白メノウ
ボヘミアンビーズ
（シルバー）
1本を2回通す
針金
24 cm

E　1本

チェコラウンド
ビーズ
ボタンカット
ビーズ（半透明）
ボヘミアンビーズ
（透明）
1本を2回通す
針金
24 cm

パーツB～Fは針金（0.3㎜）にビーズを通す

❸レースをカットし、パーツ
を束ねて仕上げる。

直径27 cmの半円を描き、
下を5 cm足して線を引く

15
cm

レース生地
27 cm
19 cm
4 cm
（下部分）
5 cm

大
中
中
中
小
小
中
大

①花心パーツと花びらパーツ小を
　束ね、針金同士をねじってとめる。
　根元に接着剤をつける

②①に花びらパーツ中と大を重ね、
　フローラルテープで巻いて固定する

〈裏側〉

約
14
cm

レース

③レースの下部分を
　束ねて②の裏側に
　フローラルテープで
　巻いて固定する

ワイドクリップ

④ワイドクリップを接着剤で
　裏側に貼り、フローラル
　テープでワイドクリップの
　下側を巻いて固定する

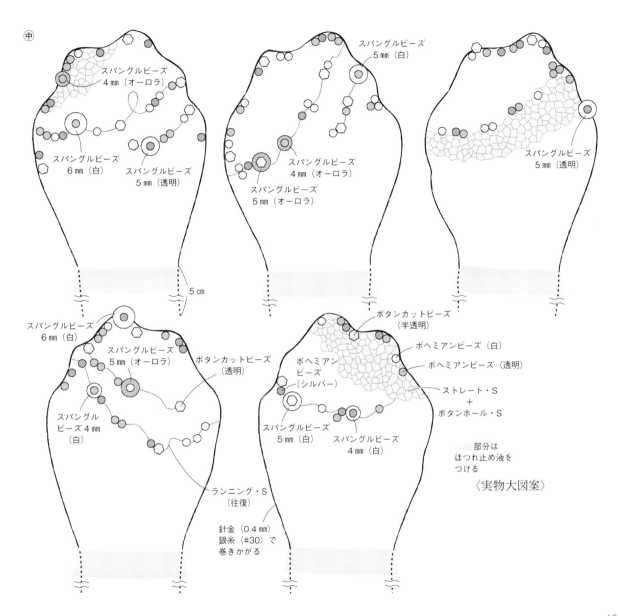

中

スパングルビーズ
4 mm（オーロラ）

スパングルビーズ
6 mm（白）

スパングルビーズ
5 mm（透明）

スパングルビーズ
5 mm（白）

スパングルビーズ
4 mm（オーロラ）

スパングルビーズ
5 mm（オーロラ）

スパングルビーズ
5 mm（透明）

5 cm

スパングルビーズ
6 mm（白）

スパングルビーズ
5 mm（オーロラ）

ボタンカットビーズ
（透明）

スパングル
ビーズ 4 mm
（白）

ランニング・S
（往復）

針金（0.4 mm）
銀糸（#30）で
巻きかがる

ボタンカットビーズ
（半透明）

ボヘミアンビーズ（白）

ボヘミアン
ビーズ
（シルバー）

ボヘミアンビーズ（透明）

ストレート・S
＋
ボタンホール・S

スパングルビーズ
5 mm（白）

スパングルビーズ
4 mm（白）

部分は
ほつれ止め液を
つける

〈実物大図案〉

69

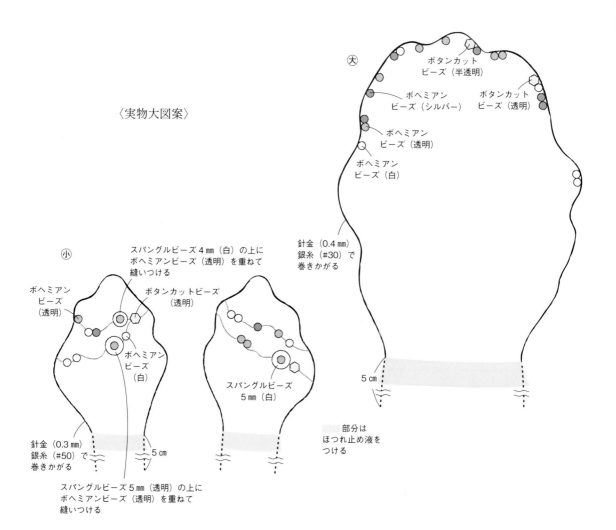

〈実物大図案〉

大

ボタンカット
ビーズ（半透明）

ボヘミアン
ビーズ（シルバー）

ボタンカット
ビーズ（透明）

ボヘミアン
ビーズ（透明）

ボヘミアン
ビーズ（白）

針金（0.4㎜）
銀糸（#30）で
巻きかがる

5㎝

小

スパングルビーズ4㎜（白）の上に
ボヘミアンビーズ（透明）を重ねて
縫いつける

ボヘミアン
ビーズ
（透明）

ボタンカットビーズ
（透明）

ボヘミアン
ビーズ
（白）

スパングルビーズ
5㎜（白）

針金（0.3㎜）
銀糸（#50）で
巻きかがる

5㎝

スパングルビーズ5㎜（透明）の上に
ボヘミアンビーズ（透明）を重ねて
縫いつける

▨▨▨ 部分は
ほつれ止め液を
つける

70

Flower 7

Photo → p.15

＜でき上がり寸法＞
直径約 8.5㎝

〈材料〉

- オーガンジー… 白　適量
- 0.3㎜、0.4㎜針金（ノンターニッシュシルバー★ P）…適量
- 銀糸 30 番、50 番（銀の糸★ F）…適量
- ボタンカットビーズ 2㎜（DP-00621-45B ★ P）…半透明　適量
- ボタンカットビーズ 2㎜（DP-00621-000 ★ P）…透明　適量
- ボヘミアンビーズ（CF-58205 ★ P）…透明　適量
- ボヘミアンビーズ（CF-57205 ★ P）…白　適量
- ボヘミアンビーズ（CF-78102 ★ P）…シルバー　適量
- スパングル亀甲 5㎜（NO.600 ★ T）…透明　適量
- ウォッシャブルスパングル亀甲 4㎜、5㎜（NO.10 ★ T）…白　適量
- ウォッシャブルスパングル亀甲 4㎜（NO.19 ★ T）…オーロラ　適量
- 竹ビーズ一分竹（NO.121 ★ T）…白　適量
- 竹ビーズ一分竹（NO.1 ★ T）…透明　適量
- クリスタルオーロラ 7 × 4㎜　（#6007 00A ★ P）…適量
- チェコラウンドビーズ 5㎜（FE-0005001 ★ P）…透明　適量
- 白メノウ 4㎜（ST-00478-15 ★ P）…適量
- ビーズペップ（NP-031 ★ S）…適量
- 造花ピン 20㎜（★ K）…1 個
- フローラルテープ…白　適量
- サテンリボン…白　20㎝、40㎝

〈作り方〉

p.48「立体作品の Lesson」と実物大図案を参照し、針金を貼って刺繍し、ビーズを縫いつけて花びらのパーツを作る。大 5 枚、小 2 枚を作る。花心のパーツを作り、レースを切り出して、すべてのパーツを組み立てて造花ピンをつける。

〈組み立て方〉

❶花びらパーツの端を始末する。p.67_Flower 6_ ① と同様に始末する（花びら 7 枚）。

❷花心パーツを作る。パーツ B 〜 E は針金（0.3㎜）にビーズを通す。

A　2本

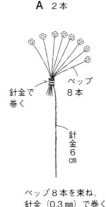

ペップ 8 本

針金で巻く

針金 6 ㎝

ペップ8本を束ね、針金（0.3㎜）で巻く

B　1本

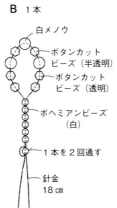

白メノウ

ボタンカットビーズ（半透明）

ボタンカットビーズ（透明）

ボヘミアンビーズ（白）

1本を2回通す

針金 18 ㎝

C　2本

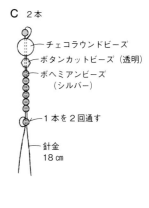

チェコラウンドビーズ

ボタンカットビーズ（透明）

ボヘミアンビーズ（シルバー）

1本を2回通す

針金 18 ㎝

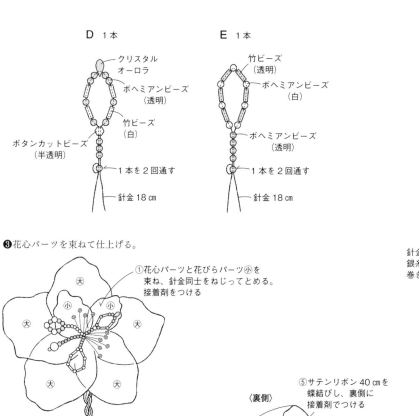

D　1本

クリスタル
オーロラ

ボヘミアンビーズ
（透明）

竹ビーズ
（白）

ボタンカットビーズ
（半透明）

1本を2回通す

針金 18 cm

E　1本

竹ビーズ
（透明）

ボヘミアンビーズ
（白）

ボヘミアンビーズ
（透明）

1本を2回通す

針金 18 cm

❸花心パーツを束ねて仕上げる。

①花心パーツと花びらパーツ小を
　束ね、針金同士をねじってとめる。
　接着剤をつける

大
小　小
大　　大
大　　大

②①に花びらパーツ大を重ね、
　針金同士をねじってとめる

⑤サテンリボン 40 cmを
　蝶結びし、裏側に
　接着剤でつける

〈裏側〉

約
9
cm

造花ピン

④サテンリボン 20 cmを
　接着剤をつけながら
　巻きつける

③フローラルテープで
　針金を隠しながら
　造花ピンを巻いて固定する

〈実物大図案〉

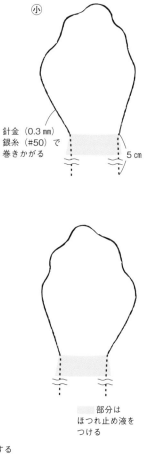

小

針金（0.3 mm）
銀糸（#50）で
巻きかがる

5 cm

部分は
ほつれ止め液を
つける

〈実物大図案〉

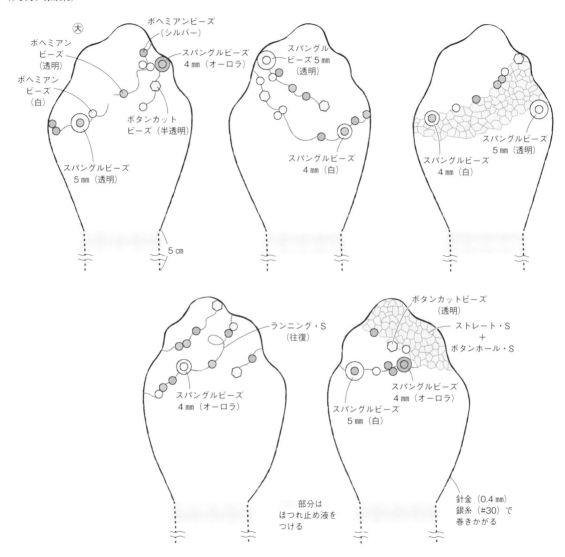

ボヘミアンビーズ
（シルバー）

ボヘミアン
ビーズ
（透明）

ボヘミアン
ビーズ
（白）

スパングルビーズ
4mm（オーロラ）

ボタンカット
ビーズ（半透明）

スパングルビーズ
5mm（透明）

スパングル
ビーズ5mm
（透明）

スパングルビーズ
4mm（白）

スパングルビーズ
4mm（白）

スパングルビーズ
5mm（透明）

5cm

ランニング・S
（往復）

スパングルビーズ
4mm（オーロラ）

部分は
ほつれ止め液を
つける

ボタンカットビーズ
（透明）

ストレート・S
＋
ボタンホール・S

スパングルビーズ
4mm（オーロラ）

スパングルビーズ
5mm（白）

針金（0.4mm）
銀糸（#30）で
巻きかがる

73

Flower 8

Photo → p.10

<でき上がり寸法>
高さ約8cm、直径約10cm

〈材料〉

・オーガンジー… 白　適量
・0.3mm、0.4mm針金（ノンターニッシュシルバー★P）…適量
・銀糸30番、50番（銀の糸★F）…適量
・ボタンカットビーズ2mm（DP-00621-45B★P）…半透明　適量
・ボタンカットビーズ2mm（DP-00621-000★P）…透明　適量
・ボヘミアンビーズ（CF-58205★P）…透明　適量
・ボヘミアンビーズ（CF-57205★P）…白　適量
・ボヘミアンビーズ（CF-78102★P）…シルバー　適量
・スパングル亀甲5mm、8mm（NO.600★T）…透明　適量
・ウォッシャブルスパングル亀甲4mm、5mm、6mm、8mm（NO.10★T）…白　適量
・ウォッシャブルスパングル亀甲4mm、5mm（NO.19★T）…オーロラ　適量

・片穴コットンパール10mm（JP-00047-WH★P）…適量
・染サンゴ4mm（MP-00330-1★P）…白染　適量
・サテン生地…白　適量
・レース…白　適量
・発砲スチロール（厚さ2mm）…適量
・厚紙…適量
・綿…適量

〈作り方〉

p.48「立体作品のLesson」と実物大図案を参照し、針金を貼って刺繍し、ビーズを縫いつけて花びらのパーツを作る。大4枚、中4枚、小3枚を作る。花心のパーツ、台座とクッションを作り、すべてのパーツを組み立てる。

〈組み立て方〉

❶花びらパーツの端を始末する。p.67_Flower 6_①と同様に始末する（花びら11枚）。
❷台座を作る。p.64_Leaf 2_①と同様に発砲スチロールを直径5mmの筒状に、サテン地を17cm×5cmにカットし、切り込みを入れる。上から1.5cmあけてレースを上に重ね、縫いつける。
❸p.66_Leaf 2_①と同様に発砲スチロールの側面にサテン地を貼り、端は折り込んで縫いつける。
❹側面上に染サンゴビーズを縫いつける。
❺p.65_Leaf 2_④と同様に直径5cmの厚紙にサテン地を貼る。2枚分作る。
❻p.65_Leaf 2_⑤を参照し、⑤で作った厚紙1枚を台座の下側に接着剤で貼る。

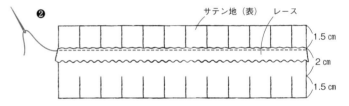

❷

サテン地（表）　レース

1.5cm
2cm
1.5cm

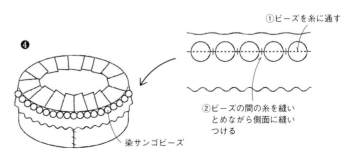

❹

①ビーズを糸に通す

②ビーズの間の糸を縫いとめながら側面に縫いつける

染サンゴビーズ

❼クッションを作る。サテン地を直径16cmにカットする。まわりをぐし縫いし、綿を入れて糸を引き絞り、とめる。中央2カ所を糸で引っぱり、へこませる。

❽針金（0.4mm）の先に接着剤をつけ、コットンパールを差し込む。2本作る。クッションのへこませた部分に針金が1本通るくらいの穴をあけ、針金を差し込む。下の針金は引き絞った部分から出し、平らに折り曲げる。

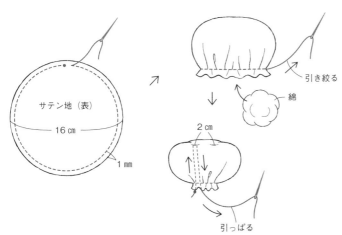

サテン地（表）
16cm
1mm

2cm

引き絞る
綿
引っぱる

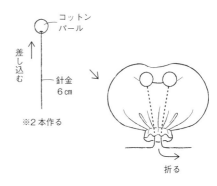

コットンパール
差し込む
針金 6cm
※2本作る
折る

❾花びらパーツをつなげる。❺で作った厚紙の裏に花びらパーツ@〜@を接着剤で貼る。続けて重ねるように花びらパーツ@〜@を接着剤で貼る。直径4cmにカットした厚紙を上から接着剤で貼る。乾くまで洗濯ばさみなどで固定しておく。乾いたら花びらパーツを表を外側にして持ち上げ、立体的にする。

❿❹の台座に❾のパーツと❽のクッションをのせる。

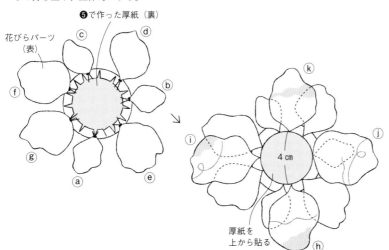

❺で作った厚紙（裏）
花びらパーツ（表）
ⓒ ⓓ ⓕ ⓑ ⓖ ⓐ ⓔ

ⓚ ⓘ ⓙ
4cm
厚紙を上から貼る
ⓗ

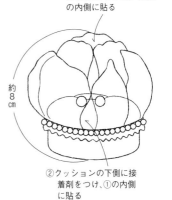

①❾のパーツの下側（直径4cmの厚紙を貼った側）に接着剤をつけ、台座の内側に貼る

約8cm

②クッションの下側に接着剤をつけ、①の内側に貼る

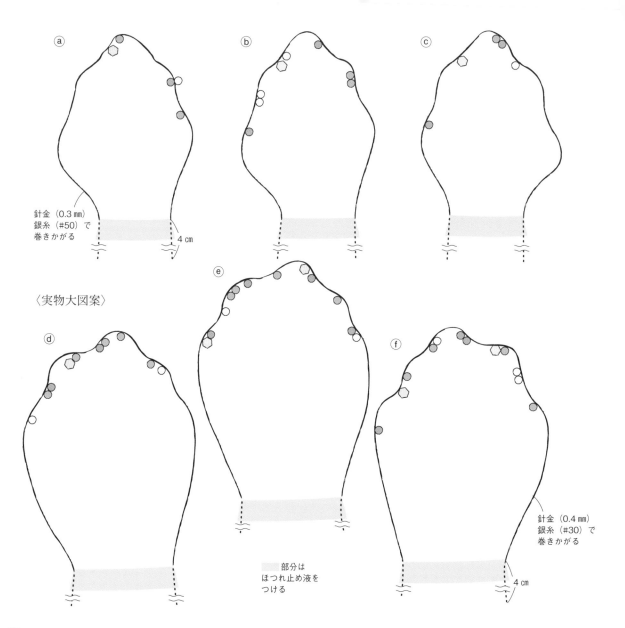

ⓐ

針金（0.3㎜）
銀糸（#50）で
巻きかがる

4㎝

ⓑ

ⓒ

〈実物大図案〉

ⓓ

ⓔ

ⓕ

針金（0.4㎜）
銀糸（#30）で
巻きかがる

4㎝

部分は
ほつれ止め液を
つける

〈実物大図案〉

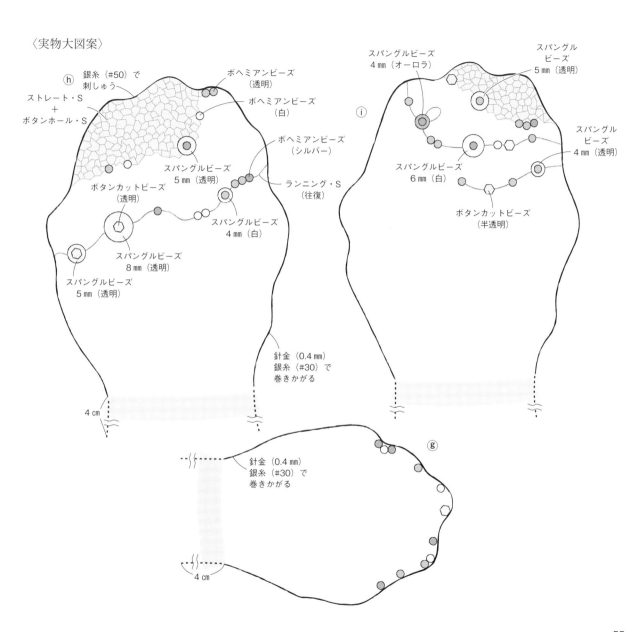

ⓗ

銀糸（#50）で
刺しゅう

ストレート・S
＋
ボタンホール・S

ボヘミアンビーズ
（透明）

ボヘミアンビーズ
（白）

ボヘミアンビーズ
（シルバー）

スパングルビーズ
5mm（透明）

ボタンカットビーズ
（透明）

ランニング・S
（往復）

スパングルビーズ
4mm（白）

スパングルビーズ
8mm（透明）

スパングルビーズ
5mm（透明）

針金（0.4mm）
銀糸（#30）で
巻きかがる

4cm

ⓘ

スパングルビーズ
4mm（オーロラ）

スパングルビーズ
5mm（透明）

スパングル
ビーズ
5mm（透明）

スパングル
ビーズ
4mm（透明）

スパングルビーズ
6mm（白）

ボタンカットビーズ
（半透明）

ⓖ

針金（0.4mm）
銀糸（#30）で
巻きかがる

4cm

77

〈実物大図案〉

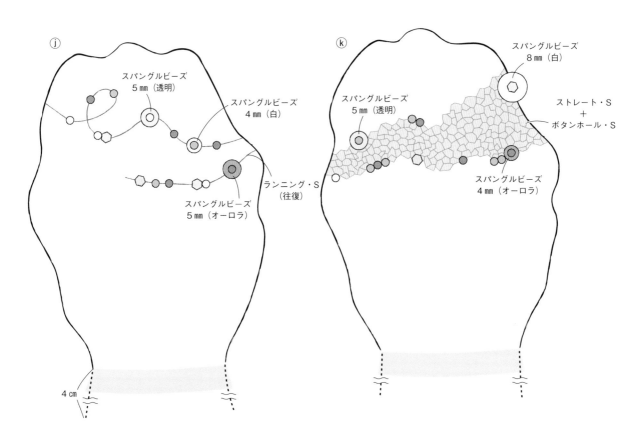

ⓙ

スパングルビーズ
5mm（透明）

スパングルビーズ
4mm（白）

スパングルビーズ
5mm（オーロラ）

ランニング・S
（往復）

ⓚ

スパングルビーズ
8mm（白）

スパングルビーズ
5mm（透明）

ストレート・S
＋
ボタンホール・S

スパングルビーズ
4mm（オーロラ）

4cm

Ivy 1

Photo → p.17

<できあがり寸法>
高さ約 3.5㎝、直径約 8.5㎝

〈材料〉

・オーガンジー… 白　適量
・0.25㎜、0.5㎜針金（ノンターニッシュシルバー★P）…適量
・銀糸 30 番、50 番（銀の糸★F）…適量
・ボタンカットビーズ 2㎜（DP-00621-45B★P）…半透明　適量
・ボタンカットビーズ 2㎜（DP-00621-000★P）…透明　適量
・ボヘミアンビーズ（CF-58205★P）…透明　適量
・ボヘミアンビーズ（CF-57205★P）…白　適量
・ボヘミアンビーズ（CF-78102★P）…シルバー　適量

・スパングル亀甲 5㎜（NO.600★T）…透明　適量
・ウォッシャブルスパングル亀甲 4㎜、5㎜（NO.10★T）…白　適量
・ウォッシャブルスパングル亀甲 4㎜（NO.19★T）…オーロラ　適量
・白メノウ 4㎜（ST-00478-15★P）…2 個
・サテン生地…白　適量
・レース…白　適量
・厚紙…適量
・綿…適量

〈作り方〉
p.40「平面作品の Lesson」と実物大図案を参照し、針金を貼って刺繍し、ビーズを縫いつけ、側面と双葉のパーツを作る。すべてのパーツを組み立てる。

〈組み立て方〉

❶側面を組み立てる。ほつれ止め液をまわりにつけ、乾いたら刺繍枠から外して切り出す。のり代の両角をカットする。内側は切り込みを入れる。角の針金を軽く曲げて形を整え、底も作る。

❷厚紙を作る。型紙通りに©、Ⓓ各 1 枚カットし、サテン地の角に切り込みを入れ、接着剤で折り込んで貼る。

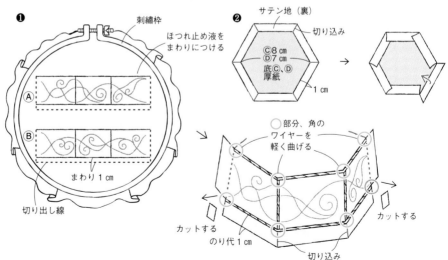

❶
刺繍枠
ほつれ止め液をまわりにつける
Ⓐ
Ⓑ
まわり 1 ㎝
切り出し線

❷ サテン地（裏）
切り込み
©8 ㎝
Ⓓ7 ㎝
底©、Ⓓ
厚紙
1 ㎝

○部分、角のワイヤーを軽く曲げる
カットする
カットする
のり代 1 ㎝
切り込み

❸側面の合印（♡、◆）をそれぞれ重ねて接着剤で貼り、銀糸（＃30）で巻きかがる。残した針金（☆）は内側で重ねて巻きかがってとめる。上側の針金部分にレースを縫いつける。

❹側面ののり代両面に接着剤をつけ、底面Ⓒ、Ⓓをはさむように貼りつける。

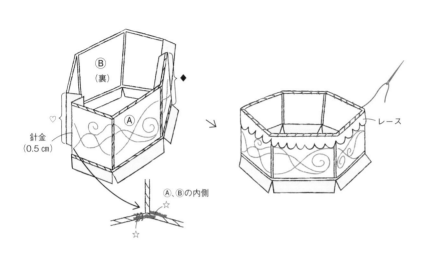

Ⓑ
（裏）

◆

針金
（0.5cm）

♡

Ⓐ

レース

Ⓐ、Ⓑの内側

☆

☆

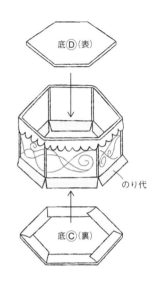

底Ⓓ（表）

のり代

底Ⓒ（裏）

❺クッションを作る。サテン地を直径18cmにカットする。まわりをぐし縫いし、綿を入れて糸を引き絞り、とめる。中央2カ所を糸で引っぱりながら、双葉パーツと白メノウを2〜3回通して縫いつける。

❻クッションの下側に接着剤をつけ、台座の内側に貼る。

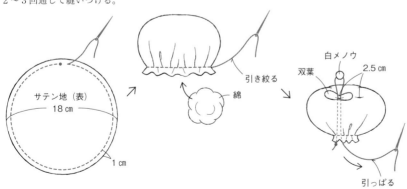

サテン地（表）
18cm

1cm

引き絞る

綿

白メノウ

双葉

2.5cm

引っぱる

8cm

〈実物大図案〉

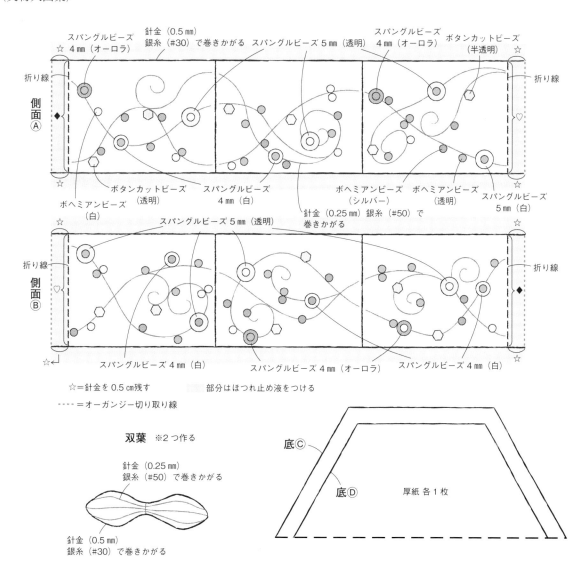

スパングルビーズ
4mm（オーロラ）

針金（0.5mm）
銀糸（#30）で巻きかがる

スパングルビーズ 5mm（透明）

スパングルビーズ
4mm（オーロラ）

ボタンカットビーズ
（半透明）

折り線

折り線

側面Ⓐ

◆

▽

☆

☆

☆

☆

ボタンカットビーズ
（透明）

スパングルビーズ
4mm（白）

ボヘミアンビーズ
（シルバー）

ボヘミアンビーズ
（透明）

スパングルビーズ
5mm（白）

ボヘミアンビーズ
（白）

針金（0.25mm）銀糸（#50）で
巻きかがる

スパングルビーズ 5mm（透明）

折り線

折り線

側面Ⓑ

▽

◆

☆

☆

☆

☆

スパングルビーズ 4mm（白）

スパングルビーズ 4mm（オーロラ）

スパングルビーズ 4mm（白）

☆＝針金を0.5cm残す　　　　　　　部分はほつれ止め液をつける

----＝オーガンジー切り取り線

双葉　※2つ作る

針金（0.25mm）
銀糸（#50）で巻きかがる

針金（0.5mm）
銀糸（#30）で巻きかがる

底Ⓒ

底Ⓓ

厚紙 各1枚

81

Leaf 4
Photo → p.19

Leaf 5
Photo → p. 20

Leaf 6
Photo → p.21

Leaf 7
Photo → p.21

＜でき上がり寸法＞

Leaf 4：長さ約 7.5㎝

Leaf 5：長さ約 8㎝

Leaf 6：長さ約 3㎝

Leaf 7：長さ約 7㎝

〈材料〉

・オーガンジー… 白　適量
・0.25㎜、0.3㎜針金（ノンターニッシュシルバー★P）…適量
・銀糸 50 番（銀の糸★F）… 適量
・ピアスフック式（PC-300091-R★P）… シルバー　または
　板バネイヤリング（カン付・PT-302714-R★P）…1 個または 1 組

〈作り方〉

p.40「平面作品の Lesson」と実物大図案を参照し、針金を貼って巻きかがり、葉脈の部分を刺繍する。p.54 の仕立て方を参照してピアス金具をつける。

〈実物大図案〉

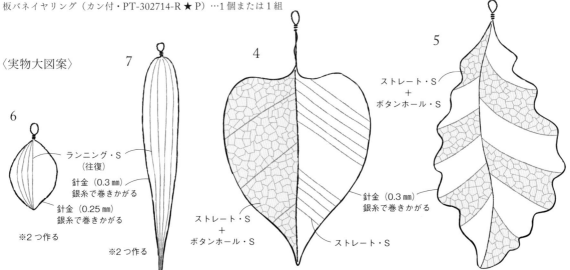

7

6

ランニング・S
（往復）

針金（0.3㎜）
銀糸で巻きかがる

針金（0.25㎜）
銀糸で巻きかがる

※2 つ作る

※2 つ作る

4

ストレート・S
＋
ボタンホール・S

針金（0.3㎜）
銀糸で巻きかがる

ストレート・S

5

ストレート・S
＋
ボタンホール・S

Flower 9

Photo → p.22

<でき上がり寸法>
長さ約 4.5cm

〈材料〉

・オーガンジー…白　適量
・0.25mm針金（ノンターニッシュシルバー★ P）…適量
・銀糸 50 番（銀の糸★ F）…適量
・アクリル半丸 12mm（OL-00643-CW ★ P）…白　適量
・ボタンカットビーズ 2mm（DP-00621-45B ★ P）…半透明　適量
・樹脂ノンホールピアス 6mm平皿（PT-303501-R ★ P）…1 組　または
　ピアス丸皿 10mmチタンポストカン付（PT-303316-R ★ P）…1 組
・丸カン 0.5 × 3.5mm（EU-02449-R ★ P）…洋白　4 個
・レザー…白　適量

〈作り方〉

p.40「平面作品の Lesson」と実物大図案を参照し、針金を成形して貼る。花びらの模様を刺繍し、針金を巻きかがる。
アクリル半丸とビーズのパーツを作る。仕立て方を参照し、ピアス金具をつける。

〈組み立て方〉

花心パーツを作る。刺繍枠に土台のオーガンジー（別布）を張り、半丸パーツをボンドで貼り、半丸パーツのまわりにボタンカットビーズを縫いつける。最後にビーズに一周糸を通すときれいに仕上がる。裏にほつれ止め液をつけ、乾いたら切り出す。

ボタンカット　半丸ビーズ

オーガンジー

※横から見た図

〈仕立て方〉

レザーを直径 1.5cmの丸形にカットする。

イヤリングの場合：
　レザーの上に切り込みを入れ、下に丸カンを縫いつける。イヤリング金具、レザー、花心パーツを接着剤でつけ、乾かす。
ピアスの場合：
　レザーの丸の中央より上に目打ちで穴をあけ、ピアス芯を通し、花心パーツに接着剤で貼りつけて乾かす。

丸カンで花心と花びらをつなぎあわせる。

レザー　切れ込み

15mm

イヤリング金具

穴

15mm

ピアス金具

〈実物大図案〉

針金（0.25mm）
銀糸で巻きかがる

ランニング・S
（往復）

※反転させて
2 つ作る

Leaf 8

Photo → p.23

<でき上がり寸法>

長さ約 3.5cm

〈材料〉

- オーガンジー…白　適量
- 0.25mm針金（ノンターニッシュシルバー★P）…適量
- 銀糸 50 番（銀の糸★F）…適量
- チェコラウンドビーズ 5mm（FE-0005001★P）…透明　適量
- ボヘミアンビーズ（CF-78102★P）…シルバー　適量
- ボヘミアンビーズ（CF-58205★P）…透明　適量
- ボヘミアンビーズ（CF-57205★P）…白　適量
- ボタンカットビーズ（DP-00621-000★P）…適量
- 竹ビーズ一分竹（NO.1★T）…透明　適量
- ピアスフック式（PC-300091-R★P）…1 組

〈作り方〉

p.48「立体作品の Lesson」と実物大図案を参照し、針金を成形して貼って葉脈を刺繍し、針金を巻きかがる。
銀糸にビーズを通し、葉の根元に縫いつける。ピアス金具の丸カンをペンチで開き、p.47 を参照してピアスパーツをつける。

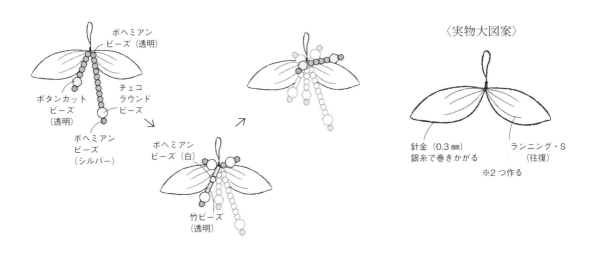

ボヘミアン
ビーズ（透明）

ボタンカット
ビーズ
（透明）

チェコ
ラウンド
ビーズ

ボヘミアン
ビーズ
（シルバー）

ボヘミアン
ビーズ（白）

竹ビーズ
（透明）

〈実物大図案〉

針金（0.3 mm）
銀糸で巻きかがる

ランニング・S
（往復）

※2 つ作る

Flower 10

Photo → p.24

〈材料〉

＜ブローチ＞
・オーガンジー… 白　適量
・0.3mm針金（ノンターニッシュシルバー★P）…適量
・銀糸50番（銀の糸★F）…適量
・白メノウ8mm（ST-00451-15★P）…1個
・素玉ペップ（NP-004★S）…白　10本
・造花ピン20mm（★K）…1個
・レザー…白　適量

＜イヤリング＞
・オーガンジー… 白　適量
・0.25mm針金（ノンターニッシュシルバー★P）…適量
・銀糸50番（銀の糸★F）…適量
・チェコラウンドビーズ6mm（FE-006062★P）…半透明　1個
・糸芯バラペップ（NP-024★S）…白　16本
・バネイヤリング丸皿9mm（PC-301581-R★P）…1組
・レザー…白　適量

〈作り方〉

p.48「立体作品のLesson」と実
物大図案を参照し、針金を貼って
花びらと　ガクをつくり、針金を
巻きかがる。

〈組み立て方〉

❶花を組み立てる。ガクの上に花びらを重ね、花
　びらにギャザーを寄せながら縫いつける。ペッ
　プを適度な長さに切り、中心にバランスよく縫
　いつけ、根元に接着剤を薄く塗って乾かす。中
　心に白メノウまたはチェコラウンドビーズを縫
　いつけ、すき間に接着剤を塗って乾かす。
❷レザーをガクの縫っていない部分が隠れる程度
　の丸形にカットし、花の裏側に貼り、アクセサ
　リー金具をつける（p.56参照）。

〈実物大図案〉

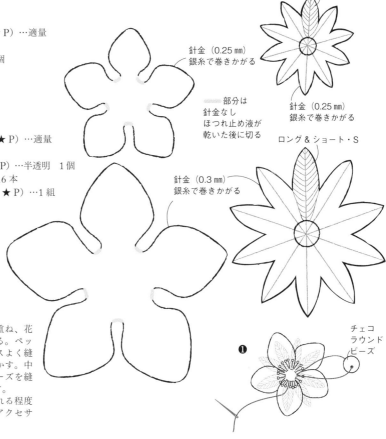

ロング＆ショート・S

針金（0.25mm）
銀糸で巻きかがる

　　部分は
針金なし
ほつれ止め液が
乾いた後に切る

針金（0.25mm）
銀糸で巻きかがる

ロング＆ショート・S

針金（0.3mm）
銀糸で巻きかがる

❶

チェコ
ラウンド
ビーズ

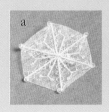 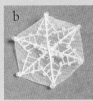 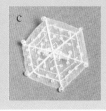

Snow

Photo → p.26

<でき上がり寸法>

a：直径約 4.2cm
b：直径約 4.5cm
c：直径約 4.7cm

〈材料〉※ abc 共通

・オーガンジー…白　適量
・0.25mm、0.5mm針金（ノンターニッシュシルバー★ P）…適量
・銀糸 50 番、30 番（銀の糸★ F）…各適量
・ボヘミアンビーズ（CF-58205 ★ P）…透明　適量
・ボタンカットビーズ 2mm（DP-00621-000 ★ P）…透明　適量
・造花ピン 20mm（★ K）…1 個

〈作り方〉

p.40「平面作品の Lesson」と実物大図案を参照し、針金を貼って刺繍し、ビーズを縫いつける。
a、b、c を同様に作る。裏に造花ピンを縫いつける。

〈組み立て方〉

a

❶針金を巻きかがりながら、中心の六角形を刺繍する。
❷0.5mmの針金に刺繍する。
❸先端まで縫ったら、ボタンカットビーズを2重に縫いつけ、針金に沿ったステッチの糸と針金をいっしょに巻きかがる。ほかの5本も同様に縫う。
❹0.25mmの針金に糸を沿わせて刺繍し、Y字模様部分は、先端にボヘミアンビーズを縫いつける。
❺針金に沿った糸と針金をいっしょに中心まで巻きかがる。途中でボヘミアンビーズをける。ほかの5本も同様に縫う。
❻点線部分にほつれ止め液をつけて乾かし、はさみでカットし、裏に造花ピンを縫いつけて完成。

〈実物大図案〉

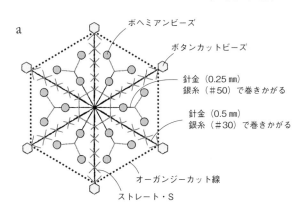

a

ボヘミアンビーズ

ボタンカットビーズ

針金（0.25mm）
銀糸（♯50）で巻きかがる

針金（0.5mm）
銀糸（♯30）で巻きかがる

オーガンジーカット線

ストレート・S

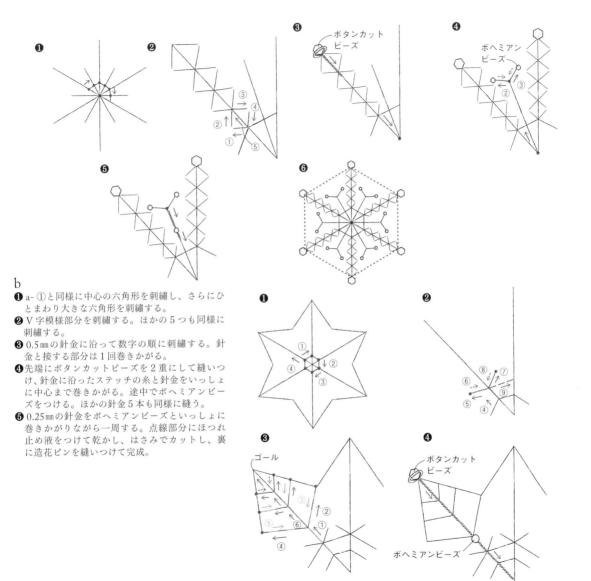

❶ ボタンカット
ビーズ

❷ ボヘミアン
ビーズ

b

❶ a-①と同様に中心の六角形を刺繍し、さらにひとまわり大きな六角形を刺繍する。

❷ V字模様部分を刺繍する。ほかの5つも同様に刺繍する。

❸ 0.5mmの針金に沿って数字の順に刺繍する。針金と接する部分は1回巻きかがる。

❹ 先端にボタンカットビーズを2重にして縫いつけ、針金に沿ったステッチの糸と針金をいっしょに中心まで巻きかがる。途中でボヘミアンビーズをつける。ほかの針金5本も同様に縫う。

❺ 0.25mmの針金をボヘミアンビーズといっしょに巻きかがりながら一周する。点線部分にほつれ止め液をつけて乾かし、はさみでカットし、裏に造花ピンを縫いつけて完成。

ゴール

ボタンカット
ビーズ

ボヘミアンビーズ

c

❶ a-①と同様に針金に1回巻きかがりをし
　ながら模様を刺繍する。
❷ b-①と同様に、①よりもひとまわり大
　きい模様を刺繍する。
❸ V字模様を縫い、先端にボヘミアンビー
　ズを縫いつける。ほかの5本も同様に刺
　繍する。
❹ 数字の順に縫う。針金と接する部分は1
　回巻きかがりながら一周する。
❺ 針金の先端まで縫い、ボタンカットビー
　ズを2重にして縫いつけ、針金に沿った
　ステッチの糸と針金をいっしょに中心ま
　で巻きかがる。ほかの針金5本は、V模
　様部分からはじめ、b-④と同様に縫う。
❻ b-⑤と同様に作る。

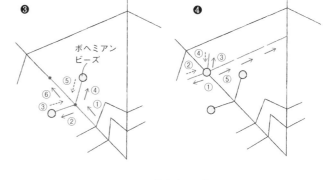

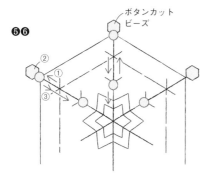

❺❻

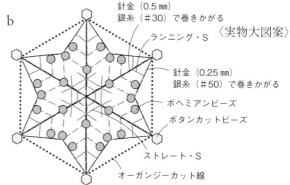

b 〈実物大図案〉

針金（0.5mm）
銀糸（#30）で巻きかがる
ランニング・S
針金（0.25mm）
銀糸（#50）で巻きかがる
ボヘミアンビーズ
ボタンカットビーズ
ストレート・S
オーガンジーカット線

〈仕立て方〉

結晶パーツの中心に造花ピンを置き、ピンの穴
に銀糸30番を通しながら縫いつける。

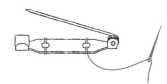

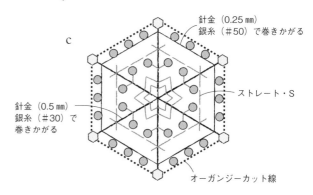

c

針金（0.25mm）
銀糸（#50）で巻きかがる
ストレート・S
針金（0.5mm）
銀糸（#30）で
巻きかがる
オーガンジーカット線

Water1
Photo → p. 28

<でき上がり寸法>
長さ約28cm

〈材料〉

- ・オーガンジー…白　適量
- ・0.25mm、0.3mm針金（ノンターニッシュシルバー★P）…適量
- ・銀糸50番（銀の糸★F）…適量
- ・ボタンカットビーズ2mm（DP-00621-000★P）…透明　適量
- ・ボヘミアンビーズ（CF-58205★P）…透明　適量
- ・ボヘミアンビーズ（CF-57205★P）…白　適量
- ・ボヘミアンビーズ（CF-78102★P）…シルバー　適量
- ・ウォッシャブルスパングル亀甲4mm（No.19★T）…オーロラ　適量
- ・ウォッシャブルスパングル亀甲4mm（No.10★T）…白　適量
- ・スパングル亀甲5mm（No.600★T）…透明　適量
- ・ネックレス金具（NH-50023-R★P）…1セット
- ・丸カン（EU-02449-R★P）0.5×3.5mm…適量

〈作り方〉

p.40「平面作品のLesson」と実物大図案を参照し、針金を貼って刺繍し、ビーズを縫いつけ、巻きかがる。
組み立て方を参照してネックレス金具をつける。

〈組み立て方〉

両端に目打ちなどで穴をあける。丸カンをペンチでずらして開け、ネックレス金具を通して再びペンチで閉じる。

〈実物大図案〉

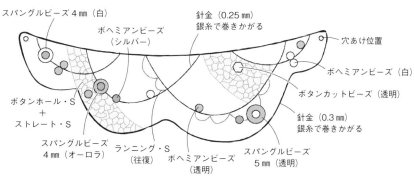

スパングルビーズ4mm（白）
ボヘミアンビーズ（シルバー）
針金（0.25mm）銀糸で巻きかがる
穴あけ位置
ボヘミアンビーズ（白）
ボタンカットビーズ（透明）
針金（0.3mm）銀糸で巻きかがる
ボタンホール・S＋ストレート・S
スパングルビーズ4mm（オーロラ）
ランニング・S（往復）
ボヘミアンビーズ（透明）
スパングルビーズ5mm（透明）

Water2

Photo → p.28,29

＜でき上がり寸法＞

a：長さ約 4cm　　b：長さ約 4.3cm

c：長さ約 3cm　　d：長さ約 3cm

〈材料〉

・オーガンジー…白　適量
・0.25mm、0.3mm針金（ノンターニッシュシルバー★P）…適量
・銀糸 50 番（銀の糸★F）…適量
・ボタンカットビーズ 2mm（DP-00621-000 ★P）…透明　適量
・六角形ホログラム 1mm（CF-58205 ★P）…シルバー　適量
・ピアスフック式（PC-300091-R ★P）…1 組

〈作り方〉

p.40「平面作品の Lesson」と実物大図案を参照し、針金を成形してホログラムをつけ、針金を貼って巻きかがる。
仕立て方を参照してピアス金具または板バネイヤリングをつける。

〈組み立て方〉

❶ 刺繍枠にオーガンジーを 1 枚張り、上に針金を置く。ホログラムにつまようじでほつれ止め液をつけ、針金の中にピンセットを使ってランダムに貼る。

❷ ①にもう 1 枚のオーガンジーを重ねて刺繍枠に張り、p.40「平面作品の Lesson」を参照し、針金を貼って巻きかがり、切り離したらピアスパーツをつける。

〈実物大図案〉

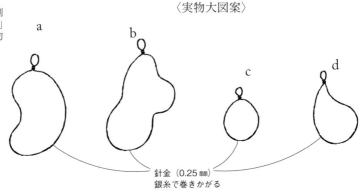

針金（0.25mm）
銀糸で巻きかがる

Flower 11

Photo → p.30

<できあがり寸法>
ピアス：長さ7㎝
イヤリング：長さ約7.5㎝
ネックレス：長さ約21㎝

〈材料〉

・0.25㎜針金（ノンターニッシュシルバー★P）…適量
・銀糸50番（銀の糸★F）…適量
・ボヘミアンビーズ（CF-58205★P）…透明　適量
・つなぎパーツ0.3×8㎜（PC-301453-R★P）…適量
・ピアス（アメリカン　ボールチェーン1318）ロジウム（PT-301318-R★P）…1組
・丸カン0.5×3.5㎜（EU-02449-R★P）…洋白　6個

〈作り方〉

p.40「平面作品のLesson」と実物大図案を参照し、針金を成形して貼り、花びらの模様を刺繍する。針金を巻きかがり、ⓐとⓑにボヘミアンビーズを縫いつける。仕立て方を参照して、ピアス金具をつける。※花びらは、ⓐとⓑは1個ずつ、ⓒとⓓは2個ずつ作る

〈仕立て方〉

花びらすべてに目打ちで穴をあけ、丸カンを通し、ピアス金具につける。

〈実物大図案〉

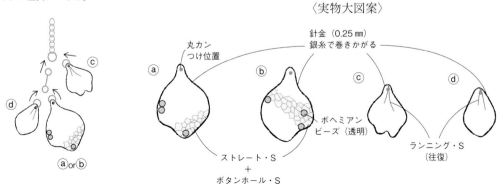

〈材料〉

<イヤリング>
・オーガンジー…白　適量
・0.25㎜、0.3㎜針金（ノンターニッシュシルバー★P）…適量
・銀糸 50 番（銀の糸★F）…適量
・ボヘミアンビーズ（CF-58205★P）…透明　適量
・スワロフスキークリスタルオーロラ 7 × 4㎜（#6007 000A）…適量
・板バネイヤリング（カン付）（PT-302714-R★P）…1 組
・チェーン（NH-99022-R★P）…5㎝　2 本
・丸カン 0.5 × 3.5㎜（EU-02449-R★P）…洋白　9 個

〈作り方〉

p.40「平面作品の Lesson」と実物大図案を参照し、針金を成形して貼り、花びらの模様を刺繍してボヘミアンビーズビーズを縫いつける。針金を巻きかがる。花びらパーツをチェーンに丸カンでつける。※花びらは、ⓐとⓑは 1 個ずつ、ⓒは 2 個、ⓓは 3 個作る。

<組み立て方>

❶花びらに目打ちで穴をあけ、丸カンを通す。スワロフスキーに針金を巻きつけ、輪を作る。
❷チェーン、イヤリング金具、スワロフスキー、花びらを丸カンで組み立てる。

針金を通す　輪を作る　針金を巻きつける

切る　※ペンチで切り口をなじませる

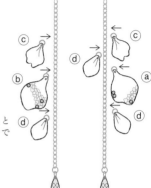

〈仕立て方〉

イヤリング金具とチェーンを丸カンでつなぐ。

〈材料〉

<ネックレス>
・オーガンジー…白　適量
・0.25㎜針金（ノンターニッシュシルバー★P）…適量
・銀糸 50 番（銀の糸★F）…適量
・ボヘミアンビーズ（CF-58205★P）…透明　適量
・ネックレス金具（NH-50023-R★P）…1 セット
・丸カン 0.5 × 3.5㎜（EU-02449-R★P）…洋白　8 個
・T ピン 0.5 × 21㎜ PC-300052-R★P）…5 本
・染サンゴ 4㎜（MP-00330-1★P）…白染　適量
・白メノウ 4㎜（ST-00478-15★P）…適量
・チェコラウンドビーズ 4㎜（FE-0005001★P）…適量
・ボタンカットビーズ 2㎜（DP-00621-45B★P）…半透明
・ボタンカットビーズ 2㎜（DP-00621-000★P）…透明
・ボヘミアンビーズ（CF-58205★P）…白　適量

〈作り方〉

ピアスと同様に花びらパーツを作り、図案を参照して T ピンにビーズを通してビーズパーツを 5 種類作る。仕立て方を参照して、ネックレスチェーンにつける。
※花びらは、ⓐとⓑは 1 個ずつ、ⓒは 2 個、ⓓは 4 個作る。

① ② ④
チェコ
→ラウンドビーズ

③ ⑤
→染サンゴ　→白メノウ

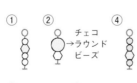

〈仕立て方〉

花びらとビーズのパーツをチェーンに丸カンでつける。

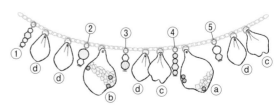

Ivy 2

Photo → p.32,33

Ivy 3

Photo → p.33

＜でき上がり寸法＞

Ivy 2：長さ約 19cm

Ivy 3：長さ約 4.5cm

〈材料〉

＜ブレスレット＞
・オーガンジー…白　適量
・0.3mm針金（ノンターニッシュシルバー★P）…適量
・銀糸 50 番（銀の糸★F）…適量
・ボタンカットビーズ 2mm（DP-00621-45B★P）…半透明　適量
・ボタンカットビーズ 2mm（DP-00621-000★P）…透明　適量
・ボヘミアンビーズ（CF-58205★P）…透明　適量
・ボヘミアンビーズ（CF-57205★P）…白　適量
・ボヘミアンビーズ（CF-78102★P）…シルバー　適量
・レザー…適量

・ウォッシャブルスパングル亀甲 4mm、6mm（No.19★T）…オーロラ　適量
・ウォッシャブルスパングル亀甲 4mm、6mm（No.10★T）…白　適量
・スパングル亀甲 5mm（No.600★T）…透明　適量
・金具セット（PC-301746-R★P）…1 組
＜ピアス＞
・オーガンジー…白　適量
・0.3mm針金（ノンターニッシュシルバー★P）…適量
・銀糸 50 番（銀の糸★F）…適量
・スパングル亀甲 8mm（No.600★T）..透明　1 個
・ボタンカットビーズ 2mm（DP-00621-45B★P）…半透明　適量
・チタンポスト＆キャッチピアス（PT-301362-R★P）…1 組
・レザー…適量

〈作り方〉

p.40「平面作品の Lesson」と実物大図案を参照し、図案の色ごとに針金を成形して貼り、巻きかがる。スパングルとビーズを図案の位置に縫いつける。仕立て方を参照してそれぞれ金具をつける。ブレスレットは、針金を曲げてブレスレットの形にする。

〈仕立て方〉

ブレスレットの場合：パーツの両端に目打ちで穴をあけ、ペンチを使ってずらした丸カンをそれぞれの穴に通し、ブレスレット留め具とチェーンをつける。
ピアスの場合：レザーをスパングルよりも小さく、ピアス金具の丸皿が隠れる丸形にカットし、中心に目打ちで穴をあける。ピアス金具をボンドでつけ、ボンドを塗ったレザーを通して接着する。

〈実物大図案〉

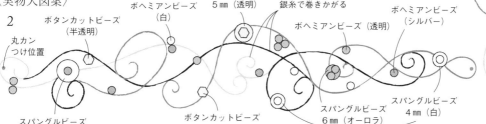

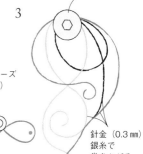

スパングルビーズ 8mm（透明）、
ボタンカットビーズ（透明）

3

針金（0.3mm）
銀糸で
巻きかがる

2

丸カン
つけ位置

ボタンカットビーズ
（半透明）

ボヘミアンビーズ
（白）

スパングルビーズ
5mm（透明）

針金（0.3mm）
銀糸で巻きかがる

ボヘミアンビーズ（透明）

ボヘミアンビーズ
（シルバー）

スパングルビーズ
6mm（白）

ボタンカットビーズ
（透明）

スパングルビーズ
6mm（オーロラ）

スパングルビーズ
4mm（白）

Leaf 9

Photo → p.34

Leaf 10

Photo → p.35

〈でき上がり寸法〉

Leaf 9：長さ約 12.5 cm

Leaf 10：長さ約 14 cm

〈材料〉

< Leaf 9 >
・オーガンジー…白　適量
・0.4 mm針金（ノンターニッシュシルバー★ P）…適量
・銀糸 30 番（銀の糸★ F）…適量
・チェコラウンドビーズ 6 mm（FE-0006001 ★ P）…透明　適量
・ボヘミアンビーズ（CF-78102 ★ P）…シルバー　適量
・ハットピンつぶし玉付ロジウムカラー
　114 mm（10030202 ★ K）…1 個

< Leaf 10 >
・オーガンジー…白　適量
・0.3 mm針金（ノンターニッシュシルバー★ P）…適量
・銀糸 30 番、50 番（銀の糸★ F）…適量
・チェコラウンドビーズ 6 mm（FE-0006001 ★ P）…透明　適量
・ボヘミアンビーズ（CF-78102 ★ P）…シルバー　適量
・ボタンカットビーズ（DP-00621-000 ★ P）…適量
・ハットピンつぶし玉付ロジウムカラー
　114 mm（10030202 ★ K）…1 個

〈作り方〉

p.48「立体作品の Lesson」と実物大図案を参照し、針金を両端 3 cm ずつ長めに残して成形して貼り、葉脈を刺繍し、針金を巻きかがる。葉の根元にビーズを縫いつけて切り取って処理し（Leaf 10 は、同じものを 2 個作る）、ハットピンに巻きつけて取りつける。

〈組み立て方〉

❶銀糸にビーズを通し、葉の根元に縫いつける。葉の根元周辺にほつれ止め液を塗り、根元から 1 cm ほどあけて切り取る。

❷葉を広げ、葉の根元に接着剤をつけ、オーガンジーを巻き込みながら銀糸を巻きつける（Leaf 10 は 2 個作ったパーツを少し長さをずらして合わせる）。

❸10 cm にカットしたハットピンの先端に葉の針金を巻きつける。余分な針金をカットし、巻きつけた針金に接着剤をつけながら、銀糸をすき間なく巻きつける。

❹ハットピンのつぶし玉に針金と糸の先を入れ、ペンチでつぶす。

< Leaf 10 ❶〜❷は上記参照 >

❸糸にチェコラウンドビーズとボヘミアンビーズを通し、10 cm にカットしたハットピンの先端をチェコラウンドの穴に刺し、接着剤をつけながら銀糸を 2〜3 回巻いて固定する。

❹①の余分な針金をカットし、ハットピンの上部と重ね、Leaf 9 と同様に仕上げる。

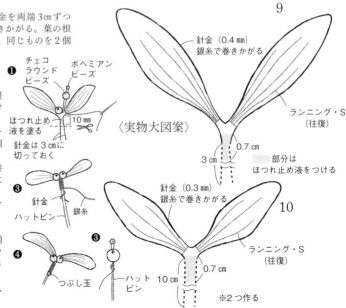

❶ チェコ
ラウンド
ビーズ
ボヘミアン
ビーズ

ほつれ止め
液を塗る
□ 10 mm
針金は 3 cm に
切っておく

❸ 針金
ハットピン
銀糸

❹ つぶし玉

❸ ハット
ピン

〈実物大図案〉

9

針金（0.4 mm）
銀糸で巻きかがる

ランニング・S
（往復）

0.7 cm

3 cm

部分は
ほつれ止め液をつける

10

針金（0.3 mm）
銀糸で巻きかがる

ランニング・S
（往復）

10 cm

0.7 cm

※2 つ作る

Flower 12

Photo → p.36

<でき上がり寸法>

長さ約 10㎝

〈材料〉

オーガンジー…白　適量
0.3㎜針金（ノンターニッシュシルバー★P）…適量
銀糸50番（銀の糸★F）…適量
ボヘミアンビーズ（CF-58205★P）…透明　適量
ボヘミアンビーズ（CF-57205★P）…白　適量

ボヘミアンビーズ（CF-78102★P）…シルバー　適量
フェルト…白　3 × 2.5㎝
造花ピンニッケル20㎜（10793404★K）…1個

〈作り方〉

p.48「立体作品のLesson」と実物大図案を参照し、針金を成形して貼る。花びらの模様を刺繍し、針金を巻きかがる。フェルトの花心をつくり、仕立て方を参照して、造花ピンをつける。

〈組み立て方〉

❶針金は、1㎝ずつ長めにカットしてオーガンジーに貼る。花びらの模様を刺繍し、針金を巻きかがったら、糸の周辺と花びらの根元にほつれ止め液をつけ、乾いたらパーツを切り取る。花びらの根元は刺繍部分から1㎝ほどあけて切り取る。

❷花心を作る。針金を21㎝程度にカットし、図のように折り曲げてフェルトをはさみ、接着剤を塗って巻きつける。端をかがり縫いし、最後は強めに糸を巻きつけて固定する。フェルトの表面に3種類のビーズをランダムに縫いつけ、針金の根元から1.5㎝の位置まで接着剤をつけ、糸を巻きつける。

❸①の根元を並縫いして糸を引き、ギャザーを寄せ、根元に2〜3回糸を巻きつけて縫い止める。花心といっしょに根元に接着剤を塗って束ね、上から2〜3回糸を巻きつけて固定する。

❹針金の茎に少しずつ接着剤をつけ、糸をすき間なく巻いて乾かす。これを繰り返し、茎を糸で埋める。下まで巻いたら、針に通して糸を返して縫い止め、接着剤で固定する。

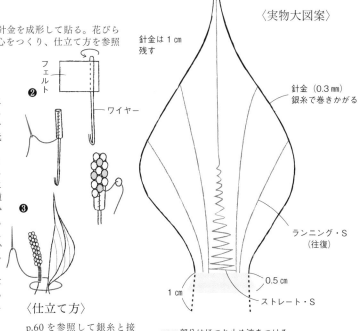

フェルト

ワイヤー

〈仕立て方〉

p.60を参照して銀糸と接着剤で造花ピンをつける。

〈実物大図案〉

針金は1㎝残す

針金（0.3㎜）銀糸で巻きかがる

ランニング・S（往復）

0.5㎝

1㎝

ストレート・S

■部分はほつれ止め液をつける

作品デザイン・制作	myuka+11
アートディレクション	置田陽介（Attitude inc.）
ブックデザイン	平田友也（Attitude inc.）
撮影	辻本しんこ、田村朋子（p.38~95）
スタイリング	上良美紀
フラワースタイリング	大谷祥代
ヘアメイク	原 康博、神崎ひかり（ともに LIM）
モデル	岩崎 咲（étrenne）
作り方解説	田中利佳、佐々木素子
トレース	たまスタヂオ
編集担当	鈴木理恵（TRYOUT）

＜撮影協力＞

HOSHI DRESS AND WEDDING
https://hoshi.co/

＜材料協力＞

フジックス（★F）
京都府京都市北区平野宮本町 5 番地
TEL:075-463-8112　https://www.fjx.co.jp

パーツクラブ（★P）
東京都台東区柳橋 1 丁目 20 番 1 号
TEL:03-3863-8482　https://www.partsclub.jp/

トーホー（★T）
広島県広島市西区三篠町 2 丁目 19-19
TEL:082-237-5151　http://www.toho-beads.co.jp
TEL:082-810-5271　http://beads-market.net/

貴和製作所（★K）
東京都台東区浅草橋 2-1-10
TEL:03-3863-5111　https://www.kiwaseisakujo.co.jp/

内容に関するお問い合わせは、
小社ウェブサイトお問い合わせフォームまでお願いいたします。
ウェブサイト　https://www.nihonbungeisha.co.jp/

myuka+11

本名瀧祐奈。独学で刺繍を学び、2017年、myuka+11（ミュカ）として活動をはじめる。instagram で発信しながら、イベント出展や作品制作などを行っている。

@myuka.11

オーガンジー刺繍を楽しむ
アクセサリーと小もの

2021 年 2 月 10 日　第 1 刷発行

著　者	myuka+11
発行者	吉田芳史
印刷所	株式会社文化カラー印刷
製本所	大口製本印刷株式会社
発行所	株式会社 日本文芸社

〒135-0001　東京都江東区毛利 2-10-18 OCM ビル
TEL:03-5638-1660（代表）

Printed in Japan　112210127-112210127 Ⓝ 01 (200028)
ISBN978-4-537-21862-6
URL https://www.nihonbungeisha.co.jp/
©myuka+11　2021
編集担当　吉村